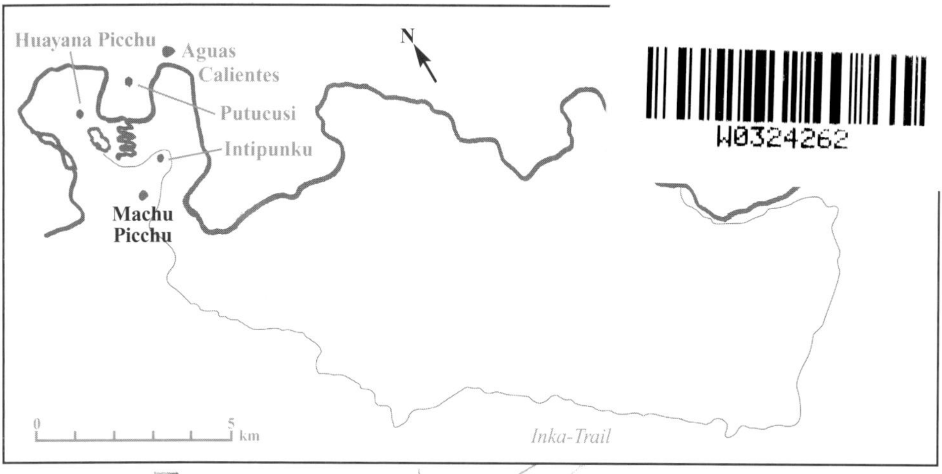
Huayana Picchu
Aguas
Calientes
Putucusi
Intipunku
Machu
Picchu
N
0
5
km
Inka-Trail

N

Martin Fieber

Machu Picchu

Die Stadt des Friedens

Martin Fieber

Machu Picchu

Die Stadt des Friedens

BERGKRISTALL

Bergkristall Verlag GmbH, 32108 Bad Salzuflen
Schülerstr. 2-4
Tel. 05222 – 923 451
Fax 05222 – 923 452
e-mail: info@bergkristall-verlag.de
www.bergkristall-verlag.de
März 2003
Satz: Bergkristall Verlag GmbH
Umschlaggestaltung und Bildbearbeitung: scanlitho.teams, Bielefeld
Druck und Bindung: Druckerei Dröge Schötmar GmbH, Bad Salzuflen
Printed in Germany

ISBN 3-935422-48-2

Für meinen Vater

Inhaltsverzeichnis

Ich bediene mich in diesem Buch den überlieferten Orts- und Gebäudebeschreibungen, die zwar in meinen Augen manchmal zum Himmel schreiend falsch sind, von Ihnen aber besser nachvollzogen werden können, falls Sie einmal nach Machu Picchu reisen sollten.

Einleitung

Strömende Stille – Kraft des Unendlichen ...
Göttliche Fülle – Geist des Lebendigen ...
Betende Tat – Licht des Vollkommenen ...
Wirkende Saat – Würde des Kommenden ...

Es ist Weihnachten. Ein Fest der Freude und des Friedens. Der Geruch von Zimt und Äpfeln liegt in der Luft, die frischgebackenen Plätzchen stehen auf dem Tisch. Das Weihnachtsessen im Kreise der Familie ist wie immer einer der Höhepunkte im Jahr, nachdem den ganzen Tag lang schon musiziert, gesungen und gespielt wurde. Gleich gibt`s ein paar kleine Geschenke. Draußen schneit es schon seit Stunden und der Schnee sorgt zusätzlich für die heilige und friedvolle Stille. Denn es ist die Zeit der Besinnung. Es ist das Fest des Lichts, denn wir erinnern uns an eine mutige Seele, die uns vor ca. 2000 Jahren den Weg des rechten Lebens aufgezeigt hat und vielen immer noch als Vorbild dient.
Das war das Weihnachten meiner Eltern in ihrer Jugendzeit. Einfach nur Frieden.

Es ist Weihnachten. Eigentlich ein Fest der Freude und des Friedens. Der Geruch von Elektrosmog von den schon den ganzen Tag laufenden Computern und Fernsehern liegt in der Luft, die im Supermarkt gekauften Plätzchen sind schon längst aufgegessen. Das Weihnachtsessen im Kreise der Familie ist wie immer ein Tag, den man am liebsten im Kalender streichen möchte, denn immer gibt es riesige Diskussionen, Streit und viel Stress, nachdem man viele Stunden auf der Autobahn zugebracht hat. Gleich gibt es wieder massenweise Geschenke, hauptsächlich Handys und Gameboys. Draußen schüttet es schon seit Stunden wie aus Kübeln, so dass kaum die gewünschte Ruhe und Stille aufkommen kann. Es ist wieder einmal eine „Zeit der Besinnung“, von der mittlerweile 40 % der Jugendlichen nicht mehr wissen, was denn überhaupt gefeiert wird. Denn Jesus Christus, die mutige Seele, die vor 2000 Jahren auf der Erde lebte und uns als Vorbild dienen soll, ist schon längst in Vergessenheit geraten. Das neue Vorbild der Familie ist die deutsche Fußball-Nationalmannschaft. Das ist das Friedensfest im Jahre 2002.

Was genau ist Frieden? Der Brockhaus bezeichnet Frieden als einen „rechtlich geordneten Zustand der Verhältnisse innerhalb von und besonders zwischen Staaten, in dem sich diese keiner gewalttätigen Mittel bedienen, um ihre Interessen durchzusetzen."

Liebe Leserin, lieber Leser, was ist für Sie Frieden? Wann haben Sie das letzte Mal an wirklichen Frieden gedacht? Wann haben Sie das letzte Mal wahren Frieden gefühlt? Wann haben Sie das letzte Mal inneren Frieden gespürt, wann waren Sie das letzte Mal zu-frieden?

Bisher konnte ich die meisten dieser Fragen nur mit „keine Ahnung" beantworten, denn über Frieden hatte ich mir in meinem bisherigen Leben wenig Gedanken gemacht. War mein früherer, meist cholerischer Chef an einem Tag besonders gut gelaunt, war dies für mich schon Frieden.

Außerdem war ich früher ein sehr ängstlicher Mensch. Jegliche Art von Ängsten bestimmte mein Leben. Angst vor Menschen, Angst vor Prüfungen, Angst vor Armut, Angst vor Arbeitslosigkeit.

Frieden war für mich ein Fremdwort, bis ich mit meiner Frau Monika eine Ruinenstadt und einen gleichnamigen Berg in den peruanischen Anden kennen lernte: Machu Picchu.

Ein Berg ruft

Ihr Berge, ihr weißen Höhen des Lichts –
Ihr Seen, ihr Wälder, ihr bunten Ranken ...
Es fliehen die lärmenden Schatten des Nichts
Vor euch, ihr Himmelsgedanken ...

Einige Monate vor unserer Reise, als sie noch überhaupt nicht geplant war, sah ich ein Bild von Machu Picchu in einem Kalender. Dieses Bild ließ mich nicht mehr los, bis ich mich näher informierte und herausfand, dass dieser Ort in Peru liegt. Da Monika schon immer einmal nach Peru reisen wollte, beschlossen wir ganz spontan, unseren nächsten Urlaub in Peru und auf Machu Picchu zu verbringen. Die Entscheidung war gefallen. Und die Reise wurde gebucht. Ab diesem Zeitpunkt setzte das Universum alle nötigen Hebel in Bewegung. Genau drei Monate später sollten wir an unserem dritten Hochzeitstag in Peru auf dem Weg nach Machu Picchu sein.

Ganz langsam machte sich eine Aufregung in mir breit, der Ruf des alten Berges wurde immer stärker. Er erschütterte mein tiefstes Inneres. Es verging keine Stunde, dass ich nicht an Peru, aber insbesondere an Machu Picchu dachte. Warum Machu Picchu?

Es verging keine Stunde, dass ich nicht an Machu Picchu dachte

Vor der Reise wollte ich mich natürlich noch genauer nach diesem geheimnisvollen Ort in den Anden erkundigen. Als Buchhändler sitze ich an der Quelle, um nach Büchern zu forschen. Ich konnte es nicht glauben. Unter dem Suchbegriff ‚Machu Picchu' fand sich kein einziges Buch. Auf dem überfluteten deutschen Büchermarkt, wo Bücher über jedes nur erdenkliche Thema in Millionenauflagen erscheinen, gab es kein einziges Buch über die größte Sehenswürdigkeit in Südamerika. Nach langem Suchen trieb ich schließlich eines über ein Antiquariat auf. Dieses ist schon seit über 10 Jahren vergriffen.

Machu Picchu - ein Name voller Magie und Geheimnisse. Der Berg trat immer mehr in mein Bewusstsein. Schon zwei Monate vor der Abreise wurde meine Aufregung vor der Reise so stark, dass sie mich etwas verunsicherte. Diese Aufregung bei mir, der bisher noch nie gern verreiste und der sich am liebsten im eigenen Zuhause aufhielt. Bisher fühlte ich bei jeder Abreise von einem Ort, der mir Geborgenheit gab, wie mein Herz zerriss. Aber diesmal war alles anders. Ich war in einer erwartungsvollen Aufregung. Nein, ich war durch den Wind. Ja, der alte Berg rief immer stärker und lauter.

Ein Schock vor der Abreise

Gefühle und Worte, unnütz begegnend,
sind Kräfte, im Winde verloren
Gedanken der Liebe, schicksalsbewegend,
im Schoße des Schweigens geboren.

Die nächsten Wochen vergingen wie im Flug. Die Freude wurde immer größer. Die Wichtigkeit dieser Reise für meine Seele wurde immer klarer. Das einzige, das ich nicht verstand, war, warum ich ausgerechnet nach Machu Picchu reisen musste. Aber egal. Ich freute mich. Fast ein bisschen zu viel, denn meine Überschwänglichkeit in den letzten Tagen vor der Abreise wuchs, meine Achtsamkeit ließ nach. Dann eines Abends, als ich die Papiertonne für die morgige Abholung bereit machte, wollte ich den Inhalt etwas zusammenstampfen, da ich noch etwas Platz brauchte. Ich stieg wie immer in die Papiertonne. Da sie aber schon sehr voll war, und da ich mich jetzt mehr als einen Meter ungesichert über dem Boden befand, musste es kommen, wie es bei solchen unüberlegten Aktionen immer kommt. Ich verhakte mich mit meinem Fuß in der Papiertonne, verlor das Gleichgewicht und fiel kopfüber auf den Boden. Nur gut, dass ich auf die Seite fiel, an der ein Korbstuhl stand. Ich habe noch meine ganzen Gedanken vor Augen, die ich in den knapp sieben zehntel Sekunden dachte. „Oh Mann, wie blöd bist du denn eigentlich. Lass dich jetzt auf den Stuhl fallen und roll dich über die andere Seite auf den Boden ab."

Eine Stunde später saß ich bei einem Arzt auf der Pritsche. Das Ergebnis einer Ultraschalluntersuchung brachte aber eine große Erleichterung. Es war nichts gebrochen und auch innere Organe waren nicht in Mitleidenschaft gezogen worden. Das einzige, was mir passierte, war eine aufgeschrammte offene Stelle an meiner rechten Seite und eine größere Schwellung mit einigen Schmerzen, die aber in den nächsten Tagen schon nachließen. Ich konnte auf jeden Fall fliegen. Dieser Unfall passierte genau eine Woche vor unserem Flug. Fast ein kleines Wunder, dass nicht mehr passiert war.

Ich hätte es wissen müssen. Denn einige Tage vorher war mir ein Buch in die Hände gefallen, in dem ein Pater von seinen Erfahrungen einer Südamerikareise erzählt. Unter anderem schreibt er, dass es oftmals schien, als ob irgendeine böse Macht seine Reisegruppe erschrecken und von einem bestimmten Weg abhalten wollte, auf dem sie dann besondere Erfahrungen machen sollten.

Es schien, als ob irgendeine böse Macht mich erschrecken und von einem bestimmten Weg abhalten wollte

Dass ich dies genau so bestätigen kann, wurde in der folgenden Reise immer deutlicher. Von den sieben Flügen, die wir in den nächsten drei Wochen vor uns hatten, mussten zwei Flüge verschoben werden. Aufgrund von technischen Mängeln. Und jedes Mal waren wir schon auf der Startbahn. Ein guter Freund, der

Pilot ist, erzählte uns, nachdem wir wieder zuhause waren, dass er in 25 Jahren Fliegerei noch keinen einzigen dieser Vorfälle erlebt habe.

Aber zurück zur Vorfreude auf Peru. Sie blieb, trotz dieses drastischen Geschehnisses. Allerdings nahm ich eine ganze Menge Achtsamkeit und Gelassenheit mit ins Reisegepäck. Ich wurde etwas ruhiger, aber dadurch hörte ich den Ruf von Machu Picchu nur noch stärker.

Peru

Blaue Fernen, zart Pastell,
grüßen uns im Dämmerschein –
Still ergießt sich Gottes Quell
In das zeitenlose Sein ...

Tief in der Nacht kamen wir nach einem knapp zwölfstündigen Flug in Lima an. Es war schon dunkel. Dennoch waren die Slums und die Armut schon beim Landeanflug unübersehbar. Lima. Was für eine Stadt, was für ein Moloch. In dieser smogverseuchten Hauptstadt Perus leben offiziell knapp acht Millionen Menschen. Ein Drittel der Bevölkerung ganz Perus. Und schätzungsweise 30 Millionen herrenlose Hunde.

Die Slums und die Armut waren schon beim Landeanflug unübersehbar

Die ungefähr einstündige Taxifahrt in unser Hotel war ein einziger Kulturschock. Chaos regiert die Straßen von Lima. Regeln gibt es so gut wie keine, jeder fährt so wie er will. Gehupt wird ohne Ende und aufregen tut sich keiner. Chaos regiert Lima, Lima ist Chaos. Bis zu diesem Zeitpunkt waren wir ungefähr 28

Stunden auf den Beinen, hatten zwei Stunden Verspätung, da in Madrid ein Flugzeug mit technischen Mängeln gewechselt werden musste und nun dies. Hektik, Aggressivität, Dreck, Lärm. Dies war unser erster Eindruck von Peru. Diese Erlebnisse werden alle machen müssen, die nach Peru fliegen. Alle Himmelswege führen über Lima. Leider.

Unser Hotel war in einer sicheren Gegend in Lima. Wir waren gut untergebracht, aber uns blieben gerade mal sechs Stunden zum Ankommen, Schlafen, Duschen, Frühstücken und wieder Abfliegen. Und schon ging es auch wieder los. Zurück zum Flughafen. Das Gleiche noch mal, nur mit dem Unterschied, dass jetzt das Tageslicht den Schmutz und Dreck uns noch mehr vor Augen führte. Und wir sahen die ganzen ‚Gefängnisse'. Denn jedes Geschäft und fast jedes Haus sind aufgrund der hohen Kriminalitätsrate in Perus Hauptstadt stark vergittert.

Eine Stunde lang fuhren wir wieder Hunderte von Straßen lang, dann ging es auf einer Rechtsabbiegerspur nach links und verkehrt in eine Einbahnstraße hinein, Stoppschilder wurden grundsätzlich überfahren. Mit einem herausgestreckten Arm wechselte unser Taxifahrer mit seiner Schrottkarre innerhalb von zwanzig Metern von der ganz rechten Spur auf die ganz linke. Bei vier offiziellen Spuren sieben nebeneinander fahrende Autokolonnen zu kreuzen, das heißt schon was. Auf jeden Fall kamen wir wieder heil am Flughafen an und waren froh, in aller Ruhe im Flugzeug zu sitzen. Wir waren total müde. Der Kontakt mit jeglicher Art von Disharmonie in dieser Stadt hatte uns ganz schon ausgelaugt.

Cusco - der Nabel der Welt

Aus urferner Welt
Vernimmst du den Gruß
Die Liebe erhält
den kosmischen Fluss

Etwas über eine Stunde später waren wir im Landeanflug auf Cusco, die kulturelle Hauptstadt Perus. Ich konnte vor Aufregung nicht sprechen, Monika vor lauter Tränen auch nicht. Schon im Flugzeug spürten wir zwei gegensätzliche, dafür aber absolut gleich intensive Gefühle. Schmerz und Freude. Zwei Tage wollten wir in Cusco bleiben, und danach ungefähr zwei Wochen auf Machu Picchu verbringen.

Cusco, eine Stadt, in der man von der ersten Minute an die kulturelle Vergangenheit spürt

Cusco, oder Qosqo - der Nabel der Welt, wie die Stadt in der sogenannten Inka-Sprache ‚Quechua' genannt wurde. Eine Stadt, in der man von der ersten Minute an die kulturelle Vergangenheit spürt. Cusco liegt 3.300 Meter über dem Meeresspiegel und zählt um die 300.000 Einwohner. Wir waren zwar auf alles gefasst, als wir wieder in unser Taxi zum Hotel einstiegen, aber schon von Anfang an wurde klar, dass es hier gemächlicher zugeht. Disziplinierter, man fühlt sich geborgener.

Vom vorherigen Studieren der Reiseführer wussten wir, dass der Höhenunterschied bei einem Direktflug von Lima nach Cusco zu einem gesundheitlichen Problem werden kann. Denn für den Kreislauf ist dieser schnelle und drastische Höhenunterschied eine Herausforderung und nicht selten macht sich die Höhenkrankheit, die sogenannte ‚Soroche', bemerkbar. Die Folge davon können Kopfschmerzen, Schwindelgefühl, Krämpfe, Ohrenschmerzen, Herzrasen und Erbrechen sein. Man sollte sich auch langsamer bewegen und alles mit Bedacht tun. Schon zwei Wochen vor dem Flug bereiteten wir uns mit Schüsslersalzen, die wir einnahmen, vor, um diese Belastung für unseren Körper möglichst gering zu halten.

Wenn man in Cusco ankommt, sollte man sich den ersten Tag nicht zu viel vornehmen und am besten die Atmosphäre am Hauptplatz in Cusco, an der Plaza de Armas, wirken lassen und sich dort in ein kleines Café im ersten Stock setzen. Von diesen urigen, süßen Cafés gibt es viele und von oben hat man in frischer Luft einen guten Ausblick auf das peruanische Treiben in dieser für mich typischsten aller peruanischen Städte. Und wenn Sie in einem dieser Cafés sitzen, sollten Sie einen Tee mit Kokablättern trinken, den Mate-de-coca. Das Kokablatt hilft Ihnen, sich besser an diese Höhe zu gewöhnen.

Wir saßen im Café Bagdad. Kein typisch peruanischer Name, dafür gab es aber gutes peruanisches Essen. Und nach einer Stunde stellte sich eine sechsköpfige Musikgruppe neben unseren Tisch und spielte typische Andenfolklore. Eine Musik, deren Rhythmen ins Blut gehen, so dass man am liebsten tanzen möchte. Und Melodien, die dir das Herz zerreißen. Ja, dieses Peru, das ich in den ersten Stunden in Cusco kennen lernte, ist das Peru, das ich auch immer noch in meinem Herzen trage.

Eine Musik, deren Rhythmen ins Blut gehen, so dass man am liebsten tanzen möchte. Und Melodien, die dir das Herz zerreißen

Freude, Hoffnung, Trauer, Schmerz

Ein Leuchten wird über die Erde gehen,
die Finsternis weichet dem Licht –
Vieltausend Gebete heiß erflehen
Den Tag, der die Lüge zerbricht ...

Peru, ein wahrlich entwurzeltes und zerrissenes Land. Überall hat man das Gefühl, dass die Menschen auf der Suche sind. Viele suchen, ohne zu wissen, was sie suchen. Andere suchen Helden, um ihren Schmerz der Vergangenheit zu vergessen. Den Schmerz, den die Spanier, als sie im 16. Jahrhundert in Peru einfielen, in den Seelen der Bevölkerung hinterließen. Vielleicht stehen deshalb an so vielen Häusern die Namen von Präsidenten, in die die Bewohner ihre ganze Hoffnung für eine bessere Zukunft setzen, die gegenwärtigen Gegebenheiten in dem armen Land zu ändern.

Die Tausenden von Touristen, die jährlich nach Peru reisen, sind für viele Peruaner verhasste Heilige. Verhasst, weil sie selbst in tiefster Armut leben und von vielen Touristen missachtet werden. Aber auch Heilige, weil sie ‚money' oder ‚candy' ins Land bringen. Geld oder Süßigkeiten. Sie sind Heilige für die verwahrlosten Kinder, die das Straßenbild Cuscos prägen, ganz besonders in der Nähe der Plaza de Armas. Hunderte von Kindern, deren junge Augen schon so viel Schmerz und Leid ausstrahlen. So viel Trauer und Traurigkeit. Gerade bei den Kindern fällt mir ihre Suche nach einem Retter auf. Eine passive Suche, mehr ein Warten. Warten auf einen Gott, warten auf den Inka, der versprochen hat, wiederzukommen. Warten auf einen Gott, ohne zu wissen, wer es ist, wann und wo er erscheinen wird. Genau so, wie es in so vielen alten Legenden der verschiedensten Hochkulturen steht. Götter kamen auf die Erde, belehrten die Menschen und verschwanden wieder im Himmel mit dem Hinweis, bald oder in ferner Zukunft wiederzukehren.

Die Menschen sind auf der Suche nach ihrer Geschichte. Sie sind auf der Suche nach den Inka, dem Volk, das vor langer Zeit in Südamerika lebte und ganz Peru mit ihrer sonnenanbetenden Kultur prägte. Sie sind auf der Suche nach dem Inka, dem Gründer des Volkes der Inka und dem, der versprochen hat, wiederzukommen. Die Menschen suchen nach ihrem Ursprung, sie suchen nach ihrer Identität und finden sie nicht. So schlimm es klingt, so wahr ist es: In Lima denken die meisten Menschen, wenn sie ‚Inka' hören, an das süße Nationalgetränk Kola und nicht an ihre eigene Geschichte und an ihre Wurzeln in ihrer Kultur.

Die Menschen suchen nach ihrem Ursprung, sie suchen nach ihrer Identität

Sacsayhuaman

Sphärenklang der Unendlichkeit –
Schöpfungslied der Sterne ...
Ewiges Schwingen durch Raum und Zeit –
Grüße aus kosmischer Ferne ...

Nach einigen Stunden im Café Bagdad machten wir uns auf den Weg zu den Ruinen von Sacsayhuaman. Nicht zu Fuß, sondern mit dem Taxi. Denn die Höhenunverträglichkeitssymptome wollten wir nicht dazu herausfordern, sich zu zeigen. Sacsayhuaman, ein Name, über dessen Bedeutung es genauso viele Differenzen gibt wie über die Geschichte der Inka. Manche meinen, Sacsayhuaman bedeutet ‚königlicher Adler' oder ‚gesprenkelter Puma'. Aber auch hier wird klar, über keinen Namen, über keinen Ort gibt es übereinstimmende Meinungen oder Überlieferungen. Aber egal. Was für mich zählt, ist der Geist dieser Plätze. Und der Geist dieser riesigen Anlage von Sacsayhuaman, der Geist des

Hauptplatzes ist monumental, wahrhaft majestätisch. Wenn man sich auf diesen Platz einlässt und versucht mit dem Herzen zu schauen, wird man ganz leicht erkennen, dass Sacsayhuaman niemals eine Festung war, die zur Verteidigung gegen fremde Eindringlinge diente. Sacsayhuaman ist ein absolut heiliger Platz.

Als ich Sacsayhuaman, die größte aller den Inka zugeschriebenen Stätten, das erste Mal sah und einige Meter vor den riesigen, 500 Meter langen und viele Meter hohen Mauern stand, ergriff mich ein Gefühl des Respekts. Respekt vor den Menschen, die diese grandiosen Mauern mit dieser typischen Bauweise fertig stellten. Der größte Stein ist über acht Meter hoch und wiegt knapp 361 Tonnen! Ein Gewicht, das wir uns in einem Stein nicht richtig vorstellen können. Wer konnte diese Bauwerke planen, die großen Steinblöcke transportieren und auch noch so genau übereinander, ineinander einpassen, dass keine Rasierklinge mehr zwischen die Quader passt? Wer konnte dies bewerkstelligen? Wer baute Sacsayhuaman, die Speicherstadt der Sonne, wie sie unter anderem genannt wurde?

Die Empfindungen, die ich in diesen Momenten hatte, ließen in mir Erinnerungen und Gefühle wieder in mein Bewusstsein kommen, die ich auch beim ersten Anblick von den Pyramiden in Gizeh, Ägypten, hatte. Absolut identisch. Beide Mal fühlte ich eine Erhabenheit der Anlagen, eine kosmische Intelligenz, die die intelligentesten Menschen, die wir heutzutage aus den Medien kennen, nicht im Entferntesten aufweisen. Eine Kraft überlebte an diesen Plätzen in den letzten Tausenden von Jahren, sowohl bei den Pyramiden als auch in dieser Anlage von Sacsayhuaman. Eine Kraft, die ich nur mit „nicht von dieser Erde“ beschreiben kann.

Jedes Jahr wird am 24. Juni in Peru das Fest ‚Inti Raymi’ gefeiert, das Sonnenfest. Es ist wieder aus der Quechua-Sprache, wobei Inti ‚Sonne’ bedeutet. Das größte dieser Feste findet in Sacsayhuaman auf dem Hauptplatz statt. Dieses Fest der Sonne befasst sich mit der Ankunft der Götter. Oder vielleicht auch mit ihrer Wiederkehr? Ein pompöses Fest mit vielen schönen Kleidern und Federn, um die damalige Zeit nachzuempfinden. Immer im Mittelpunkt: die Götter.

Gerade ist der Himmel in kürzester Zeit so dunkel geworden, dass man meinen könnte, dass in diesem Moment die Götter Sacsayhuaman verlassen haben

Eben gerade ist der Himmel in kürzester Zeit so dunkel geworden, dass man meinen könnte, dass in diesem Moment die Götter Sacsayhuaman verlassen haben und wir hier alleine zurückgelassen wurden. Uns sagten sie auch nicht, wann sie wiederkommen wollen ...

Sacsayhuaman, dich werde ich nie vergessen.

Im Heiligen Tal der Inka

Wo immer deine Seele weilt,
sei dir des Lichts bewusst –
Du webst am Saum der Göttlichkeit,
das Dienen sei dir Lust ...

Am nächsten Tag machten wir eine Busfahrt ins Heilige Tal der Inka. Ein Landstrich, der ca. 300 km lang ist. Wenn heute vom Heiligen Tal gesprochen wird, ist im Normalfall immer das Gebiet zwischen den Städten Pisaq und Ollantaytambo damit gemeint. Traumhafte Natur, endlose Weiten, harmonisch verlaufende Berggipfel. Alles in dieser Gegend ist Harmonie. An dem einen Tag klapperten wir mehrere Sehenswürdigkeiten ab. In der kurzen Zeit sahen wir viel, konnten aber nicht mehrere Stunden an einem Platz bleiben. Aber um einen Eindruck zu bekommen, reichte es.

Zwei der Orte, die wir besuchten, sind mir noch lebhaft in Erinnerung. Zum einen Ollantaytambo. Dies ist eine riesige Anlage von Gebäuden und Megalithen in einer Höhe von 2.800 Metern, die, ebenfalls wie Sacsayhuaman, Cusco und alle anderen heiligen Plätze, den Inka zugeschrieben werden. Die ganze von Menschen gemachte Geschichte um die Städte möchte ich gar nicht nacherzählen. Was mich faszinierte, waren die Art der Bauten, in die Natur eingebettet, was später nur noch Machu Picchu übertreffen sollte. Beeindruckend: die Mauer der sechs Megalithen.

Und immer wieder die Frage: Wie konnten Menschen Steinblöcke bis zu 52 Tonnen von den Steinbrüchen zu den Standorten bringen? Der Steinbruch ist Luftlinie ungefähr 3,5 Meilen entfernt. Allerdings liegt der Fluss Urubamba dazwischen, das Herz des Heiligen Tals. Ein Höhenunterschied von knapp einer halben Meile musste überbrückt werden. Vielleicht auch mehr. Das heißt ganz genau: Die Steine mussten eine halbe Meile zum Fluss hinabtransportiert werden. Dann musste der Fluss überquert werden und schließlich wieder den anderen Berg hinauf. Und die Steigung ist extrem. Auch die viel gebrauchte Erklärung mit Hunderten von Arbeitern, die die Megalithen mit Stäben und Seilen über Baumstämme viele Kilometer bewegen konnten, fällt hier nicht auf fruchtbaren Boden. Wenn man in den Ruinen von Ollantaytambo steht und in die Richtung des Steinbruches sieht, dann zum Fluss in das Tal hinunterschaut, weiß ein logisch denkender Mensch, dass dies bei der Entfernung und der Steigung unmöglich ist. Und auch in Ollantaytambo ist wieder von Göttern die Rede, zu deren Ehren diese Tempel erstellt wurden.

Der zweite Ort, der mich fasziniert hat, ist Chinchero. Chinchero gehört nicht direkt zum Heiligen Tal der Inka, lag aber auf der Rückreise nach Cusco und befindet sich in einer Höhe von 3.800

Metern. Ich muss mich korrigieren. Nicht der Ort hat mich fasziniert, sondern ein Platz, der ziemlich ähnlich dem von Sacsayhuaman war. Eine riesige, fast gelbe Wiese mit einer größeren Mauer dahinter, natürlich im alt bewährten Megalith-Stil. Groß, verwinkelt und ein Rätsel der Baukunst. Der große Platz lag wie Sacsayhuaman oberhalb von Cusco, wieder geschützt durch grandiose Mauern und wieder hatte dieser Platz eine heilige majestätische Atmosphäre. Das schöne war, dass gerade ein Volksfest stattfand und geschmückte Menschen auf diesem Platz tanzten. Ich war sprachlos und ließ mich einfach in die Freude hineinfallen. So als ob gerade die Götter angekommen wären ...

Es war ein schöner Tag. Doch bekomme ich immer mehr das Gefühl, dass es nicht die Inka waren, die diese vielen Gebäude an den prachtvollsten und unzugänglichsten Stellen errichteten, sondern die Götter viele Tausende Jahre vorher. Ja, wahrlich ein schöner Tag im Heiligen Tal der Inka, oder besser im Heiligen Tal der Götter.

Die Geschichte Perus

Mögen Jahre auch entrinnen
In der Ewigkeit des Seins –
Sieh', was außen, das ist innen
In der Gegenwart des Eins ...

Nun ein kurzer Abstecher in die Geschichte Perus und die der Inka. Es soll kein Geschichtsbuch werden, deshalb fasse ich mich sehr kurz. Dies sind die offiziellen Daten, die man in den Geschichtsbüchern findet und die sich teilweise erheblich voneinander unterscheiden. Denn ein Problem gibt es: Man weiß nichts genaues, wenn es um die Geschichte von Peru und den Inka geht.

Die erste Besiedelung Perus scheint vor ca. 20.000 Jahren gewesen zu sein. In der Zeit und schon viel früher gab es auf der Erde nur Sammler und Jäger. Alle Menschen waren damals Nomaden und zogen die ganze Zeit umher. Steinwerkzeuge und Knochenfunde bei Ayacucho (ca. 300 km südöstlich von Lima gelegen) belegen dies. In den Jahrtausenden danach entwickelte sich einfacher Ackerbau und eine begrenzte Viehzucht, und ca. um 3000 v. Chr. entstanden die ersten Siedlungen.

Denn ein Problem gibt es: Man weiß nichts genaues, wenn es um die Geschichte von Peru und den Inka geht

Zwischen 1.400 und 200 v. Chr. kristallisierte sich die Chavín-Kultur heraus mit der Hauptfundstätte Chavín de Huántar, ca. 300 km nördlich von Lima. Fast gleichzeitig entwickelte sich unter ganz anderen ökologischen Bedingungen südlich von Lima auf der Halbinsel Paracas eine gleichgenannte Kultur (ca. 1.300 bis 100 v. Chr.). In den Jahren von ca. 400 v. Chr. bis 600 n. Chr. bildeten sich die Nazca-Kultur an der Südküste, die Mochica-Kultur an der Nordküste, die Lima-Kultur an der Zentralküste, die Recuay-Kultur im Hochland und die Tiahuanaco-Kultur am Titicaca-See.

Um ca. 600 bis 1000 n. Chr. vergrößerte sich der Einfluss der Tiahuanaco-Kultur, die in dieser Zeit zusammen mit der Huari-Kultur die Zivilisation am Anden-Hochland nachhaltig formte. Ungefähr ab dem Jahr 1000 bis zum Jahre 1438 herrschten die späten Regionalkulturen der Chimú mit ihrer Hauptstadt Chan-Chan an der Nordküste, die der Chancay an der Zentralküste, die der Chincha an der Südküste und die der Inka um Cusco.

Die Geschichte der Inka

Was sind alle Erdenjahre
Vor der Unermesslichkeit –
Was ist Irrtum, was das Wahre
Vor der Unergründlichkeit?

Die mündliche Überlieferung der Inka (Inka bezeichnet zum einen den Stamm und zum anderen das Oberhaupt) erzählt von der Niederlassung dieses Stammes in Cusco. Da die Inka nichts Schriftliches hinterlassen haben, ranken sich logischerweise Legenden über Legenden um die Inka, und deren ersten Inka, Manco Capac. Eine lautet wie folgt:
Der Sonnengott Inti erschuf Manco Capac zusammen mit seiner Schwester Mama Ocllo auf einer Insel im Titicaca-See. Inti trug ihnen auf, nach Norden zu reisen, bis sie zum ersten fruchtbaren Tal gelangen, und sich dort niederzulassen. Wenn dann der Goldstab, den sie von der Sonne erhalten hatten, in der fruchtbaren Erde versinken würde, dann seien sie im gelobten Land angekommen und sollten dort sesshaft werden. Manco Capac und seine Schwester Mama Ocllo traten aus einer Höhle ans Tageslicht und reisten also nach Norden und gelangten in das Tal von Cusco, wo sich die Prophezeiung erfüllte. Die beiden wurden sesshaft und Cusco erhielt seinen Namen. Cusco war nun der Nabel der Welt.

Um 1438 eroberten die Inka das Hochland um Cusco bis zum Titicaca-See und unterwarfen das Chimú-Reich. Daran kann man jetzt schon erkennen, dass die Inka ein Kriegervolk waren. Und alles, was man bis zum Untergang dieser Kultur hört, ist immer von Krieg geprägt. Deshalb legten die 13 aufeinander folgenden Inka-Herrscher, von denen erst Pachacutec als neunter und Gründer des großen Reiches historisch belegt ist, großen Wert auf die Beherrschung der Kriegskunst. Schon mit 15 Jahren mussten sich die Kinder damals im Umgang mit der Waffe beweisen. Zur Zeit des vorletzten unabhängigen Inka Huayna

Cápac (1493-1527), umfasste das Inka-Reich Teile der heutigen Länder Peru, Kolumbien, Ecuador, Bolivien, Chile und Argentinien. Wie viele Kriege müssen sie geführt haben, um ein solch großes Reich zu schaffen?

Aber alles, was mit Gewalt erlangt wird, muss einem wieder mit Gewalt genommen werden

Aber alles, was mit Gewalt erlangt wird, muss einem wieder mit Gewalt genommen werden. Dies ist ein kosmisches Gesetz. Deshalb steht nun der Niedergang des Inka-Reiches kurz bevor. Huayna Cápac hatte zwei Söhne, Atahualpa und Huáscar, die 1531 um das Erbe ihres Vaters kämpften. Atahualpa triumphierte, ließ sich aber von den Spaniern, die zur gleichen Zeit mit 200 Mann in Nordperu an Land gingen, in eine Falle locken. Er wurde gefangen genommen und musste hilflos zusehen, wie in einer einzigen Nacht mehrere seiner tapfersten Krieger von den Spaniern getötet wurden.

Francisco Pizarro, der Anführer der spanischen Abenteurer und Eroberer, forderte für die Freilassung von Atahualpa von dessen Volk ein ganzes Zimmer gefüllt mit Gold. Hinzufügen muss man nun, dass Gold für die Inka sehr wichtig war, denn die meisten Gebäude und Tempel waren mit Gold verziert. Gold hatte bei ihnen allerdings nicht den Stellenwert, wie es bei den Spaniern und allen anderen Europäern der Fall war. Das Gold wurde herangeschafft, doch Pizarro hielt sein Wort nicht. Er ließ Atahualpa 1533 hinrichten. Somit endet die Herrschaft der Inka, die Kolonialisierung durch die unersättlichen Spanier begann. Der allerletzte Inka, Manco Inka, so heißt es in mehreren Legenden, hätte sich mit seinem übriggebliebenen Volk nach Vilcabamba zurückgezogen.

Dies sollte als geschichtlicher Überblick genügen. Denn, war es wirklich so? Wer weiß dies so genau.

Auf dem Weg nach Machu Picchu

Im Schnittpunkt der Unendlichkeit
Gehst du, dem Licht dich schenkend,
in eine neue Wesenheit ...
Die Zukunft ist Vergangenheit,
in Raum und Zeit sich senkend.

Der zweite ganze Tag in Peru endete damit, dass wir nach unserer Busreise durch das Heilige Tal der Inka in unser Bett fielen, denn am nächsten Morgen früh um sechs Uhr fuhr der Zug nach Machu Picchu.

Heute, an unserem dritten Hochzeitstag, würden wir auf Machu Picchu ankommen. Ich konnte es kaum erwarten und war froh, als der Zug endlich losfuhr. Es wurde langsam hell und wir fuhren am Anfang ungefähr eine halbe Stunde durch die ganzen Armenviertel von Cusco. Auch hier sah man viele herrenlose Hunde in einer Dumpfheit versunken durch die Schlammgassen marschieren. An jeder Ecke standen zusammengeflickte Fußballtore. Kinder, vielleicht vier Jahre alt, schleppten Körbe, die größer waren als sie selbst.

Wir fuhren aus Cusco in das Heilige Tal hinein. Die Landschaft wurde wieder abwechslungsreicher, dafür aber karger. Überall lagen Lehmbacksteine gestapelt auf den Feldern neben den armseligen Hütten. Auch hier gingen, wo man weit und breit keine Hütte sah, Kinder mit ihren Körben durch die weiten Felder. In regelmäßigen Abständen standen wieder die gewohnten Fußballtore und wenn man die Jugendlichen betrachtete, sah man, dass zwei von dreien Fußballtrikots von irgendwelchen Mannschaften trugen. Auch hier sind mitten auf dem Land auf ganz vielen Häusern kleine Kreuze auf den Dächern angebracht und Marienstatuen säumen den Wegesrand. Alle sehr einfach aus Holz gehalten, im Gegensatz zu den blinkenden und verkitschten Kreuzen in Lima und Cusco. Hier auf dem Land fühlt man die totale Entfremdung der Einwohner noch mehr. Die Wurzel ist herausgerissen, ihr eigentlicher Glaube existiert nicht mehr. Und die seelischen Wunden werden täglich mit Alkohol und Koka-Blättern betäubt. Die grandiose Natur, die alles mit Leben durchdringt, ist das einzige, so glaube ich, das diese Menschen am Leben erhält.

Fährt man mit dem Zug an Dörfern mit ihren türkisfarbenen, violetten und blauen Hütten vorbei und winkt den Menschen zu, wird teilweise überschwänglich und teilweise verängstigt, zurückgewinkt. Aber ein Funke der göttlichen Freude, die in jedem Menschen verankert ist, kommt zum Vorschein. 10 Sekunden später sind die Menschen wieder in ihrem Trott des Alltages versunken.

Aber ein Funke der göttlichen Freude, die in jedem Menschen verankert ist, kommt zum Vorschein

Der Zug überquerte den Urubamba und schlängelte sich neben ihm bis nach Ollantaytambo, dem Ort, den wir schon am gestrigen Tag besucht hatten. Ab Ollantaytambo gibt es keine Straße mehr und die einzige Möglichkeit nach Machu Picchu zu kommen ist der Zug. Wer es eilig hat, und dies sind im prachtvollen Peru mit Sicherheit nur einige unverbesserliche Touristen, kann mit dem Bus nach Ollantaytambo fahren und von dort mit dem Zug weiter. Man spart, glaube ich, eine Stunde.

Die Zugstrecke wurde immer abenteuerlicher, der Zug schlängelte sich durch immer schmalere Schluchten, bis er auch am berühmten Kilometer 88 vorbeikam, dem Beginn des ca. viertägigen Inka-Trails nach Machu Picchu. Die Natur wird immer grandioser, immer fülliger, immer subtropischer, denn Machu Picchu liegt am äußersten Rand des Amazonas. Insgesamt nach ca. 115 Kilometern und dreieinhalb Stunden Fahrt endet die Zugfahrt in Aguas Calientes, ein Ort mit heißen Quellen. Es gibt kleine preiswerte Hotels, viele süße Restaurants direkt an den Bahnschienen, der Rest ist Schmutz, Staub und Dreck.

Von hier folgt man den Massen der Tagestouristen und kommt, nachdem man einen kleinen Markt durchwandert und eine Brücke überquert hat, zur kleinen Busstation. Alle Busse fahren hier zur 8,5 Kilometer entfernten Ruinenstadt Machu Picchu, die ungefähr eine halbe Stunde später und nach endlos erscheinenden Serpentinen 500 Meter höher erreicht wird. Außer in Lima ist in Peru Hektik ein Fremdwort, allerdings muss man sich auch in Aguas Calientes auf ein bisschen Drängeln und Hetzen einlassen, bis man in seinem Bus zu den Ruinen sitzt. Kein Wunder, denn die Touristen, die viereinhalb Stunden später schon wieder im gleichen Zug zurück sitzen müssen, haben nicht viel Zeit zu verlieren.

Endlich da!

In Freude werden die Herzen sich finden
Und Friede kehrt überall ein –
Die Welten werden sich verbinden
In Gott zum kosmischen Sein ...

Viereinhalb Stunden nach der Abfahrt in Cusco kamen wir oben bei den Ruinen an. Große Erwartungen und die größte Vorfreude, die ich je empfunden hatte, wurden erst einmal zerstört. Ich war wieder auf der Erde. Rund dreihundert Touristen warteten vor Monika und mir in der Schlange, nachdem wir kurz im Hotel, das direkt neben den Ruinen liegt, eingecheckt hatten. Wir mussten also warten, kamen mit unserem Ticket durch die erste Schranke und mussten nochmals warten. Dann endlich durften wir einzeln durch die Glastüre hineingehen, nachdem unsere Tickets je zweimal abgerissen und je dreimal gestempelt worden waren. Mittlerweile regnete es auch noch und wir sahen nur Regenjacken vor uns, viele Schirme, die uns fast die Augen ausgestochen hätten, bis wir nach ca. einer Stunde neben unserem Führer standen, der uns in den nächsten eineinhalb bis zwei Stunden durch die Ruinen führen sollte.

Wir gingen einige Treppen hinauf, folgten unserer dreißigköpfigen Gruppe und waren nach nochmals 100 Metern auf Terrassen, von denen wir einen bombastischen Blick auf die ganze Anlage hatten. Trotz der Müdigkeit, der 800 Touristen und eines andauernd sprechenden Führers, spürte ich den Frieden, den dieser Ort ausstrahlt. Ich hörte gar nicht mehr zu, hatte Monika im Arm und wir schauten einfach nur in die Weite, auf den ‚jungen Berg' hinter den Ruinen, den Huayna Picchu, und ließen unseren Blick über die Ruinen gleiten. Für diesen Moment gab es nur wenige treffende Worte: vollkommene Harmonie und Frieden. Und genau jetzt hörte es kurz auf zu regnen, die Sonne kam heraus und segnete diesen heiligen Moment. Wahrhaft Harmonie und Frieden.

Und genau jetzt hörte es kurz auf zu regnen, die Sonne kam heraus und segnete diesen heiligen Moment

Fragen über Fragen

Du fragst nach dem Woher, Wohin –
Die wahre Antwort bist du selbst:
In deiner Seele tiefstem Sinn
Erschau' den Weg, den du erwählst ...

Zwei weitere Stunden folgten wir dem Führer durch die Ruinen und den Regen. Was sollte man von einer Führung erwarten? Wir hetzten durch die große Stadt, um auch möglichst jedes Gebäude, jeden Tempel zu durchwandern und erklärt zu bekommen. Erklärt? Wirkliche Erklärungen bekamen wir von dem in angelesenen Phrasen sprechenden Führer nicht, denn vieles ist widersprüchlich gewesen. Aber mit jedem neuen Gebäude, das wir sahen, mit jeder weiteren Treppe, die wir bestiegen und mit jeder Minute, die wir verweilten, kamen neue Fragen auf. Fragen über Fragen.

Wer hatte diese Stadt gebaut? Und wann? Und warum überhaupt in dieser Höhe? Und wie transportierten die Menschen damals diese Megalithen? Wer wohnte hier oben? Welchen Zweck hatte die Stadt in den Wolken?

Vieles, was ich vorher über die Entdeckung Machu Picchus gelesen hatte, machte in dieser grandiosen Kulisse keinen Sinn mehr. Wenn man offen für diese Pracht der Schöpfung ist, offen für das nicht Sichtbare, werden alle Fragen beantwortet. Wer Machu Picchu mit einem offenen Geist und einer gelassenen Seele besucht, der wird Erklärungen bekommen, die zwar einerseits von der Wissenschaft verworfen werden, weil sie nicht beweisbar und utopisch erscheinen (Computer waren vor hundert Jahren auch noch utopisch), andererseits wird er aber mit einem inneren Reichtum zurückkehren, der nicht von dieser Welt ist.

In diesem Buch möchte ich Ihnen das wahre Machu Picchu näher bringen. Das Machu Picchu, das Sie lehrt, dass die höchste Logik die ist, die man mit dem Herzen begreifen kann. Das Machu Picchu, das Ihnen zeigt, dass es Informationen gibt, die der unendliche Kosmos über die Erde den Menschen mitzuteilen hat. Das Machu Picchu, das Ihnen Ihren persönlichen Schlüssel zu diesen Informationen gibt.

Bevor ich mich in den nachfolgenden Kapiteln dieser Logik und diesen Informationen widme, möchte ich nur in Kurzform die bis jetzt bekannte Geschichte von Machu Picchu und von Hiram Bingham erzählen, der die Ruinenstadt offiziell entdeckt hat.

Die Geschichte Machu Picchus

Glorie der Liebe – schwinge im All ...
Du wirkst Erlösung aus tiefem Fall ...
Im Jubel der Sphären Friede kehrt ein ...
Erhebet die Herzen zum kosmischen Sein.

Über Machu Picchu weiß man so gut wie gar nichts. Es gibt keine schriftlichen Aufzeichnungen der Inka, es gibt keine richtigen Erklärungen, welchem Zweck sie diente und wer sie erbaute. Man weiß nichts. Man nimmt an, dass Machu Picchu ab 1420 erbaut und 100 Jahre später verlassen wurde. Man nimmt an, dass in den ungefähr 200 Gebäuden ca. 1500 Menschen wohnten. Man nimmt an, dass die Inka die Erbauer waren.

Im Juni 1911 fand unter der Schirmherrschaft der National Geographic Society und der amerikanischen Universität Yale eine Expedition statt, deren Leiter der Historiker Hiram Bingham war. Die Expedition war wohl auf der Suche nach der geheimnisvollen verlorenen Stadt Vilcabamba, der letzten Zufluchtsstätte der Inka. Nach vielen Irrwegen und Problemen fand Hiram Bingham mit seinem Expeditionsteam einen Monat später, dank eines Quechua-Jungen, die riesige Stadt in den Wolken. Aber es wurde sehr schnell klar, Vilcabamba war dies nicht. Dafür eine Art ‚achtes Weltwunder'.

Die Stadt in den Wolken war vor ihrer Entdeckung total unbekannt gewesen. Und namenlos. Aber ihre Entdeckung war für die damalige internationale Presse das „transzendenteste Ereignis der

Neuen Welt seit der Odyssee des Christoph Kolumbus". Weitere Expeditionen in den Jahren 1912 und 1915 brachten wertvolle topographische, geographische und geologische Informationen über ein Gebiet, das bis dahin weder erforscht noch studiert worden war. Außerdem wurden mehr als 7000 Fotografien gemacht und es wurde genauestens Buch geführt.

Hiram Bingham war der Entdecker für die westliche Welt, denn bei seiner Ankunft im Jahre 1911 traute der Forscher seinen Augen nicht: Der vorher uneinnehmbare Gipfel war bewohnt. Eine einheimische Familie wohnte dort oben und stieg jeden Monat einmal in das Tal, um ihre Maispflanzen, Kartoffeln, Bohnen und ihr Zuckerrohr einzutauschen.

Machu Picchu, die Stadt der Geheimnisse war entdeckt. Aber, kannten die Inka überhaupt Machu Picchu? Jeder Schritt durch Machu Picchu vermehrt die Rätsel, anstatt sie zu lösen. Und all diese Rätsel und Zweifel peinigen und verunsichern die Wissenschaftler und Forscher. Klar ist nur eines: Es gibt keine Klarheit über die Geschichte von Machu Picchu.

Die Abzweigung

Ewige Wandlung –
Alles fließt ohne Begrenzung ...
Göttliche Handlung –
Wer ermisst Weg und Vollendung ...

Aufgrund dieser Unklarheit wird dies kein Buch über die Geschichte der Inka. Erstens ist nichts über sie geschichtlich bewiesen. Zweitens gibt es Legenden über Legenden und drittens glaube ich nicht, dass die Grundmauern von Machu Picchu und in vielen Tempelanlagen südlich davon von den Inka gebaut wurden, obwohl die Bauweise als typisch Inka immer wieder bezeichnet wird.

Natürlich kann auch ich meine Eigenerfahrungen und Gedanken hierzu nicht beweisen. Aber zum Glück erahnen viel mehr Menschen, dass es nicht immer und in allen Gebieten unserer Geschichte und Wissenschaft auf typische Beweise ankommt. Man kann niemals alles Vergangene lückenlos erklären. Worauf es mir ankommt, ist, der eingefahrenen, dreidimensionalen Denkweise unseres westlichen Denkens eine andere Dimension hinzuzufügen. Zugefügt werden Gedanken, Empfindungen, die schon seit Jahrzehnten in meinem tiefsten Inneren glommen. Und vor einigen Monaten begannen sie zu lodern. Lassen Sie mich etwas philosophieren. Nicht fantastisch, sondern von einer anderen logischen Warte aus.

Wir Menschen in der westlichen Welt ziehen nur in Betracht, etwas zu glauben, wenn es uns glaubwürdig erscheint. Alles Wissen jedoch, worauf wir unseren Glauben und Beweise gebaut haben, ist in den letzten Jahrhunderten so verfälscht worden, dass man nur zu falschen Ergebnissen kommen kann. Es ist ähnlich, wie mein Mathematik-Lehrer früher die Prüfungen bewertet hat. Hatte ich in einer Rechenaufgabe, die mehrere Schritte beinhaltete, einen falschen Lösungsweg gewählt, wurde die Entscheidung für den falschen Weg zwar als Fehler gedeutet, trotzdem war es möglich, danach alles ‚richtig' zu rechnen und noch Punkte dafür zu erhalten.

Wir Menschen in der westlichen Welt ziehen nur in Betracht, etwas zu glauben, wenn es uns glaubwürdig erscheint

Genau so kommt es mir auf der Erde vor. Ich habe das Gefühl, dass die Menschheit schon seit langem einen falschen Weg gewählt hat und eine oder mehrere Dimensionen, einen oder mehrere Wege schlicht und einfach vergessen hat. Aus diesem falschen Weg können zwar ,richtige' Annahmen gedeutet und bewiesen werden, aber man weiß nicht mehr, dass dieses Wissen auf einem falschen Weg - global betrachtet - zu einer falschen Lösung führt. Wenn man glaubt, die Erde sei eine Scheibe, dann kann man niemals Beweise finden, dass sie in Wirklichkeit gar keine Scheibe ist.

Diese Abzweigung wieder zu finden, von der der falsche Weg abging, das ist meine Absicht und dieses Ziel steuere ich in diesem Buch an. Ein kleines Mosaiksteinchen auf diesem langen Weg zurück soll dieses Buch darstellen. Diese verlorene Abzweigung wiederzufinden, dies ist mein seelischer Motor. Und dafür lebe ich. Das habe ich vor langer Zeit versprochen.

Die Erlösung meiner inneren Unruhe

Jeder Tag ist neue Gnade
Auf dem Weg zum wahren Sein –
Folge deinem inn'ren Rate,
heil'ge Pflicht wird Freude sein ...

Der erste Abend auf Machu Picchu neigte sich dem Ende zu. Im Hotel feierten Monika und ich noch kurz unsere drei vergangenen Jahre und fielen danach hundemüde ins Bett. Trotz der anstrengenden vergangenen Tage und der Ankunft auf Machu Picchu konnte ich zwei Stunden später nicht mehr schlafen. Ich wurde immer unruhiger. Schließlich lag ich hellwach im Bett und sah, wie um 5.30 Uhr der Morgen graute. Durch das Fenster unseres Hotelzimmers konnte ich direkt auf den Eingang zu den Ruinen sehen. Schon um 5.30 Uhr standen die ersten Menschen auf dem Platz davor. Der Nachtwächter schritt mit seinem Hund noch auf und ab und setzte sich Punkt 6.00 Uhr ins Kassenhäuschen. Machu Picchu war geöffnet.

Meine innere Unruhe wurde immer größer. „Jetzt bin ich am schönsten Platz der Welt, den ich bisher gesehen habe und sitze immer noch im Zimmer herum“, überfielen mich Gedanken der Unzufriedenheit. „Es ist schon 6.15 Uhr und 50 Menschen sind schon hineingegangen und ich bin noch nicht einmal geduscht“, ging es weiter. Dann kam ein blauer Bus heraufgefahren und Peruaner in blauen Arbeiter-Overalls stiegen heraus. Auf dem Bus stand in großen Lettern INC, das nationale Institut für Kultur. Und meine Unruhe wuchs. Die Unruhe, etwas zu verpassen und die zur Verfügung stehende Zeit nicht gut zu nutzen.

Wir beschlossen, uns erst einmal hoch oben über den Ruinen einen schönen Platz zu suchen und die Aussicht und die Atmosphäre des traumhaft schönen sonnigen Morgens zu genießen. Nach einigen Momenten war meine Unruhe verflogen. Ich war an dem Ort angekommen, den ich aus meinen Träumen zuvor schon sehr gut kannte. Stunden saßen wir, philosophierten über dieses und jenes und gingen um die Mittagszeit durch die Tempelanlage. Immer wieder kamen mir dieselben Fragen in den Sinn. Wer baute diese Anlage? Wann und warum überhaupt? Antworten, das wusste ich, gibt es jetzt noch nicht. Wenn überhaupt, dann in einigen Tagen, von denen uns noch zehn ganze zur Verfügung standen.

Ich war an dem Ort angekommen, den ich aus meinen Träumen zuvor schon sehr gut kannte

Achtsamkeit

Stille –
Aller Erkenntnis und Weisheit Quelle –
Blicke nach innen und schweige, oh Seele ...
Glätte Gemütes Wogen, spanne im Schweigen den Bogen
vom Ich zum Reiche der Dauer – durchbrich die engende Mauer,
kehre zum göttlichen Frieden heim –Stille ist kosmisches Sein.

Monika zog es schließlich zum sogenannten Mondtempel. Los ging's zur Rückseite des hinter den Ruinen liegenden kleinen Gipfels. Wie weit und wie beschwerlich der Weg werden würde, wussten wir zum Glück nicht. Wären wir besser durchtrainiert und nicht so erschöpft gewesen, hätte der Weg uns weniger ausgemacht. Aber da ich immer wusste, dass diese Reise nach Peru eine Seelenreise werden würde, war abzusehen, dass verschiedene Aspekte der Prüfungen und Grenzen, die überschritten werden mussten, anstehen würden.

Und eine dieser Prüfungen, die uns die ganze Reise begleitete, war die Aufgabe, immer die richtige Achtsamkeit zu leben. Jeden Schritt mussten wir bewusst und achtsam gehen, da es den ganzen gestrigen Tag geregnet hatte und somit die Wege, die wir entlangpilgerten, sehr nass und glitschig waren. Dazu kam, dass der Weg zum Mondtempel erst sehr steil hinauf führte. Und nachdem wir ein Drittel des Huayna Picchus erstiegen hatten, ging ein Weg, teilweise noch steiler, hinab in den Urwald.

Jeden Schritt mussten wir bewusst und achtsam gehen

Auf Machu Picchu gibt es unzählige Treppen und Stufen. Aber keine einzige Stufe ist genauso hoch oder niedrig wie eine zweite. Man konnte nicht gedankenlos durch die Ruinen hetzen. Trotzdem mussten es wohl viele tun, denn wir sahen viele Menschen, die sich etwas gebrochen hatten oder umgeknickt waren. Eine Frau musste zum Beispiel eines Morgens in das Hotel gebracht werden. Sie hatte sich wohl ein Bein gebrochen und musste mit Holzbrettern, mit denen gerade der Eingangsbereich der Ruinen erneuert wurde, provisorisch geschient werden. Ein Bus wurde umgebaut, damit sie liegend in das Tal gebracht werden konnte. Hoffentlich hat ein Helikopter sie von Aguas Calientes nach Cusco geflogen, sonst wird sie noch einen langen Weg mit dem Zug zurück gehabt haben. Eine andere Deutsche, die wir trafen, war Minuten vorher umgeknickt und ihr Knöchel hatte schon die Größe eines Straußeneis erreicht.

Nach einiger Zeit habe ich förmlich bei jedem Schritt Achtsamkeit zu mir gesprochen, um dieses Zauberwort ja nicht mehr zu vergessen. Auf dem Weg mussten wir Stufen von manchmal einem Meter Höhe überwinden, wo man sich nur an Ästen der Bäume festhalten konnte. Die Achtsamkeit begleitete uns von daher Schritt für Schritt, denn ich erinnerte mich wieder an die früheren Worte des Paters, dass auf dem Weg zu neuen seelischen Entdeckungen immer Angriffe und Prüfungen lauern, die nur durch Achtsamkeit und Gelassenheit zu bestehen sind.

Die Höhle von Pacha Mama

Schweigende Unfassbarkeit
Über aller Welten Sinn –
Grenzenlose Herrlichkeit
In den Tiefen des Ich Bin!

Schließlich, nach ungefähr zwei bewusst gegangenen Stunden, erreichten wir den Mondtempel. Der Mondtempel, oder die Höhle von Pachamama, die Höhle von Mutter Erde, ist direkt in den Berg gehauen. Ein breiter Eingang, danach verengt sie sich und endet schließlich in absoluter Dunkelheit. In die Seitenwände sind viele trapezförmige Nischen eingearbeitet und einige Türen ohne Durchgang. Ziemlich am Eingang ist in einen riesigen Stein ein Sitz hineingearbeitet, der mit einer großen Sicherheit zur Besinnung für die damaligen Menschen diente, die den Stein erbaut haben.

Dieser Stein ist ein Paradoxon. Entweder man sieht ihn überhaupt nicht oder man verweilt darin für einige lange Momente. Bei uns beiden traf letzteres zu. Als wir in der knalligen Frühnachmittagshitze dort ankamen, saßen bereits drei Paare, die uns vorher auch überholt hatten. Nur eine Frau hatte sich um diesen Steinsitz gekümmert. Die anderen lagen in der Sonne und schliefen teilweise. Doch Monika und ich waren von diesem hellen Steinsitz so begeistert, dass jeder für einige Zeit darin Platz nahm und nach den Strapazen zur Ruhe kommen wollte. Lange Momente, in denen wir uns, beide unabhängig voneinander in eine andere Zeit versetzt vorkamen. In diesem Sitz saßen schon viele Suchende vor uns, denen eine gewisse Art von Entwicklungsschritt bevorstand.

Bilder entstanden vor meinem geistigen Auge, dass Machu Picchu eine Art Universität war, eine Ausbildungsstätte für geistige Krieger. Für Menschen, die den Weg des Friedens gingen. Für Menschen, die zu geistigen Lehrern ausgebildet wurden. Ein anderes Bild zeigte, wie Menschen angeleitet wurden und sich bewusst schwierigen Prüfungen stellen mussten. Auf jeden Fall war danach klar, dass eine dieser Stätten der so weit abseits liegende Mondtempel gewesen war.

Bilder entstanden vor meinem geistigen Auge, dass Machu Picchu eine Art Universität war, eine Ausbildungsstätte für geistige Krieger

An diesem Platz herrschte sozusagen eine Art Ritual-Energie. Überall lagen Kokablätter, Stöckchen und Steine geordnet herum, einige Steinhäufchen säumten das Innere der Höhle. Von vielen wurde durch diese Opfergaben Mutter Erde um ihren Schutz und Segen gebeten. Wahrlich ein Platz, an dem man mit der Erde und mit ihren Geheimnissen in Kontakt kommen konnte. Dies war wirklich ein Mutter Erde-Tempel, ein Tempel für Pacha Mama.

Wurden wir an diesem heiligen Ort von Pacha Mama gereinigt und neu- oder wiedergeboren?

Machu Picchu - die Stadt des Regenbogens

Schöpferkraft im Morgenglanz
Taucht den Horizont der Zeiten
In des Lichtes Siegeskranz,
strahlend über Sternenweiten ...

Auf dem Weg zurück kamen wir uns total gestärkt und so unglaublich geborgen vor, dass wir mit Leichtigkeit den Weg zurück gingen und ungefähr 45 Minuten weniger brauchten als auf dem Hinweg. Diese ganzen fünf Stunden trafen wir vielleicht zehn oder fünfzehn Leute. Als wir wieder den Weg mit dem Aufstieg zum Huayna Picchu kreuzten, wurden es ungefähr zehnmal mehr Menschen. Gute Entscheidung, denn das Ruhige macht Machu Picchu aus, das Langsame, das Gemächliche. So wie Laotse es einmal ausdrückte: Der Raum zwischen den Speichen macht das Rad zum Rad.

Als wir nach etwas über einer Stunde wieder die Ruinen in Reichweite hatten, beschenkte uns Mutter Erde mit ihrem Regen und Vater Sonne mit seinen Strahlen mit dem schönsten Regenbogen, den wir jemals im Leben gesehen haben. Doppelt, gespiegelt und mit Farben, die dem Paradies nahe kommen könnten. Minuten standen wir und konnten unsere Aufregung nicht unter Kontrolle bringen, denn dieses Naturschauspiel war atemberaubend.

Der Regenbogen - die Verbindung zwischen Himmel und Erde, der Segen Gottes und die Freude der Menschenkinder. Wieder ein Moment, in dem alles Lebendige mit allem Lebendigen in Harmonie und Frieden war. An keinem der verbleibenden zehn Tage auf Machu Picchu sollten wir nochmals solch einen Regenbogen sehen.

Der Regenbogen - die Verbindung zwischen Himmel und Erde, der Segen Gottes und die Freude der Menschenkinder

Der Apu Machu Picchu

Im Strahlenkreis des Ewigen
Schwingt grenzenloses Leben –
Im Großen wie im Wenigen
Liegt immerwährend' Streben ...

Die nächsten zwei Tage verbrachten wir morgens wieder in den Ruinen, saßen oft auf ‚unserem' Platz hoch oben ganz alleine, ganz ruhig. Am Nachmittag ab jeweils ca. 14.00 Uhr kamen Wolken und es regnete oft. Machte nichts, denn ich war einfach nur müde. Ich fühlte mich einfach nur ausgeknockt. Doch dann abends beim Essen wurde der Ruf des Machu Picchus wieder lauter. Morgen früh würden wir uns auf den Weg machen, den Gipfel des 600 Meter höheren Berges Machu Picchu zu besteigen. Der Ruf des Apus, des Berggeistes, drang tief in unser Innerstes.

Vor unserem Aufstieg sprachen wir zum Apu Machu Picchu und baten ihn um einen gesegneten Auf- und Abstieg. Dann ging es pünktlich um 7.30 Uhr los. Der Weg zum Mondtempel brachte uns an unsere seelischen Grenzen, mit der Ersteigung des mächtigsten Berges in diesem Gebiet überwanden wir sie. Es war ein beschwerlicher Weg, der knapp zweieinhalb Stunden dauerte. Der Weg wurde mit zunehmender Dauer immer steiler und immer schmaler. Je höher wir kamen, desto gefährlicher wurde es. Achtsamkeit rief meine Seele, Achtsamkeit.

Der Weg zum Huayna Picchu ist für Touristen ausgeschilder, und gefährliche Wegstücke sind mit Haltegittern und Stegen abgestützt. Der Weg auf den Machu Picchu aber nicht. Parallelen zum eigenen Lebensweg drangen in mein Bewusstsein. Ziehen die Berge manche Menschen magisch an, um mit deren Besteigung eigene innere seelische Grenzen zu überspringen? Kann man mit der Besteigung eines Berges seine eigene geistige Weiterentwicklung fördern, da ja mit solchen extremen Situationen nicht nur der Körper konfrontiert wird, sondern hauptsächlich auch der Geist und die Seele? Wie viele Grenzen haben die Mount Everest-Besteiger überwunden? Wie viele haben sich überschätzt und trugen Verletzungen davon oder sind gestorben?

Zogen die Berge manche Menschen magisch an, um mit deren Besteigung innere seelischen Grenzen zu überspringen?

Immer enger wurde es, immer steiler. Wer Höhenangst hat, der hätte spätestens an der Stelle seine Probleme gehabt, die ungefähr hundert Meter vor der Spitze liegt. Eine Stelle, ca. 50 Zentimeter breit und rechts und links geht es viele, viele Meter steil hinunter. Die Stelle, die Ängste in uns beiden hervorgeholt hat, von deren Existenz wir noch nichts wussten. Eine Angst, zu fallen, eine Angst das Ziel nicht erreichen zu können, eine Angst zu sterben.

Der Weg der Schmetterlinge

Durch dein strebendes Bemühen
Lichtet sich der Welten Raum –
Mögen Sonnen einst verglühen,
Wandlung ist's des Ewigen Saum...

Ängste sind alle grundlos und letztlich eine Illusion. All dies wusste ich, aber als ich in dieser Situation steckte, diesen Punkt zu überschreiten, war mir sehr flau im Magen. Einen Schritt und ich war drüber, froh und glücklich, wenige Sekunden später den Gipfel erreicht zu haben. Was mir aber noch nicht klar war, war, wie sehr die Angst sich noch steigern würde, diesen Punkt auf dem Rückweg nochmals zu überspringen. Die Angst, diesen Punkt nicht überwinden zu können, die Angst, nicht mehr nach Hause zu kommen, wuchs in mir zu einem riesigen Brocken, der quer in meiner Seele lag.

Dann, nachdem wir etwas zu Atem gekommen waren, machten wir ein Ritual und gaben alle Ängste, die in unser Bewusstsein drangen, an den Apu Machu Picchu ab. Wir baten ihn, diese enge dunkle Energie aufzunehmen und in der Erde in neue Kraft umzuwandeln.

Als wir so saßen und uns in die Stille begaben, setzte sich ein Schmetterling auf meine Hose und genoss die Sonne und die Wärme meines Körpers. Auf über 3000 Metern Höhe flogen um uns Hunderte von Schmetterlingen. Schon den ganzen Weg auf den Gipfel hatten sie uns begleitet, waren uns vorausgeflogen und es schien so, als ob sie sich abgewechselt hätten, uns auf den Berg zu geleiten. Wie eine Eskorte.

Zweieinhalb Stunden anstrengender Fußmarsch und eine Stunde Ängste lagen hinter uns und hatten sich in einen wunderschönen großen Schmetterling verwandelt. Unsere Seelen gingen den Weg eines Schmetterlings. Von der Raupe, die nicht fliegen kann, durch die Dunkelheit des Kokons bis zum wunderschönen Schmetterling. Die Seele, die noch nicht weiß, was für eine Kraft in ihr steckt, über den beschwerlichen Weg des Geistes mit dem dunklen Tal der Ängste, bis zum Moment, in dem die Lasten der Vergangenheit abfallen und die Seele sich in ihrer ganzen Schönheit selbst erkennt, sich selbst leicht nimmt und in die Höhen des Himmels fliegt.

Unsere Seelen gingen den Weg eines Schmetterlings. Von der Raupe, die nicht fliegen konnte, durch die Dunkelheit des Kokons bis zum wunderschönen Schmetterling

Je höher man zur Spitze der göttlichen Eigenerkenntnis vordringt, desto steiler und schmaler wird der Weg. Desto vorsichtiger und langsamer muss man voranschreiten. Desto gefährlicher wird es. Und desto mehr muss man sich gegenseitig helfen. Man lernt sich anzuspornen, den Weg weiter zu gehen. Gerade in der Zeit, wenn die Macht der Ängste einem über den Kopf zu wachsen scheint und das Ziel dahinter dann nicht mehr sichtbar ist.

Nach dem Ritual mit dem schönen Schmetterling-Erlebnis fühlte ich mich frei, leicht, fast euphorisch, und ich hatte das Gefühl, dass mich die Kraft des Berggeistes und dessen Klarheit durchdrang. Wir beendeten das Gebet und als wir uns nach einer Stunde wieder auf den Weg machen wollten, kam noch ein Einheimischer vorbei, der ein Reihe von Fotos machte. Wofür weiß ich nicht, da wir kein Spanisch und er kein Englisch sprach. Auf jeden Fall machte er noch ein Foto von uns, von unserer Seelenfeier auf dem Gipfel des mächtigen Apus. Dann stiegen wir den Weg wieder hinab, überwanden die schmale Stelle, die Grenze, wie von selbst und genossen das Leben.

Doch der Rückweg war genauso gefährlich wie der Aufstieg. Der Weg zurück war genauso steil und genauso glitschig wie der Aufstieg. Weitere Parallelen des Lebens traten in mein Bewusstsein. Was nützt eine Erkenntnis, die man erringt, wenn man nicht mehr heil nach unten ins normale Leben kommt? Was nützt eine seelische Freiheit, wenn man in einer Euphorie denkt, Flügelchen zu haben und nicht aufpasst und stürzt? Was nützt all dieses, wenn man dies alles leichtfertig aufs Spiel setzt? Deshalb waren auch gerade beim Abstieg Bruder Achtsamkeit und Schwester Vorsicht immer an unserer Seite. Zusammen mit den Schmetterlingen geleiteten sie uns wieder zurück zu den Ruinen, deren Atmosphäre wir danach noch intensiver in uns aufnahmen.

Heute haben wir Grenzen überschritten. Und mit Hilfe des Apus Machu Picchu konnten wir viele Ängste auf dem Gipfel lassen, die er umwandelte. Wir trafen übrigens keinen einzigen Touristen. Die ganzen fünf Stunden nicht. Warum ist der junge Gipfel, der Huayna Picchu, von Touristen überfüllt und der Weg des alten Berges, des Machu Picchus, so gut wie unbekannt?

Und den Ruf des Berges hörte ich nicht mehr, weil ich der Berg war

Den ganzen Tag fühlte ich mich als Teil des Berges, als Teil der Erde. Und den Ruf des Berges hörte ich nicht mehr, weil ich der Berg war.

Ein kurzer Abstecher nach Ägypten

Die Schatten der Selbstsucht, täuschendes Nichts,
sind Wege des irrenden Leidens
Bereich're dich mit den Perlen des Lichts
Im göttlichen Tempel des Schweigens.

Wie ich diesen Ort liebe! Machu Picchu ist in der vergangenen Woche ein Teil von mir geworden. Am Morgen nach unserem Aufstieg von Machu Picchu saßen wir auf einer großen Wiese am nördlichen Teil der Anlage. Wir ließen nur unsere Augen über die Anlage gleiten und gönnten unseren Seelen eine wohlverdiente Ruhe.

Erinnerungen an die drei Pyramiden von Gizeh tauchten auf. Vor ungefähr vier Jahren war ich mit einigen Freunden für eine Woche nach Ägypten geflogen, um die Pyramiden zu sehen und einen Eindruck von diesem Ort zu bekommen. Der erste Eindruck von diesen Bauwerken war grandios, wie schon früher kurz erwähnt. Da wir damals, obwohl die Königskammer der Cheopspyramide für den Tourismus eigentlich wegen Bauarbeiten gesperrt war, für eine Stunde ganz alleine in die Königskammer konnten, war es für uns möglich, richtig in die Energien dieses antiken Weltwunders einzutauchen (Näheres über diese Reise können Sie in meinem Buch „Steh endlich auf" nachlesen, auch im Bergkristall Verlag erschienen).

Wie Lima war die ägyptische Hauptstadt ein einziger Moloch. Es war laut, dreckig und gefährlich. Außer auf dem Pyramidengelände hatte meine Seele keine Chance, zur Ruhe zu kommen und die Atmosphäre wirken zu lassen, weil es einfach keine Ruhe gab. Und zudem gab es bei den Pyramiden nichts Grünes. Keine Bäume, keine Büsche, nur Smog, Dreck und Sand. Die Wüste wird mit Sicherheit ihren Reiz haben, aber wenn man in die Wüste geht, möchte man nicht Tausende von Menschen um sich haben, die einen andauernd ansprechen.

Das Innere der Pyramide und die Bauwerke an sich waren für mich aber das Highlight in Kairo. Die Energie im Inneren der Pyramide war stark wie ein Laserstrahl. Kräftig, stark, konzentriert und unmissverständlich direkt. Ich erinnere mich heute an den Physik-Unterricht in der achten Klasse. Wir machten einen Versuch, der sich über mehrere Wochen erstreckte. Das Thema war die Kraft der Pyramide. Wir legten eine rostige Rasierklinge in eine Pyramide aus Pappe, die maßstabgetreu derjenigen aus Ägypten nachgebaut war. Die Rasierklinge wurde so platziert, dass ihr Abstand zum Boden ungefähr ein Drittel und ihr Abstand zur Spitze ungefähr zwei Drittel betrug. Die Pyramide wurde in eine Ecke gestellt und mehrere Wochen nicht angerührt. Als dann die Pyramide entfernt wurde, traute ich meinen Augen nicht. Der Rost auf der Klinge war verschwunden. Die Rasierklinge war vorher total mit Rost überzogen gewesen und nun blitzte sie wie König Artus' Schwert. Die Rasierklinge ist durch diese Kraft, durch dieses Feuer in der Mitte der Pyr-a-mide gereinigt worden.

Mir ging es damals in der Königskammer genauso. Ich wurde gereinigt und von allen Schlacken und Belastungen befreit, die mich im und am Leben hinderten. Die Folge waren Tage, in denen ich mit meinen Abgründen konfrontiert wurde, sodass ich nicht mehr leben wollte und merkte, wie ich das Leben bisher verweigert hatte. Anschließend hatte ich drei Tage Durchfall und Fieber.

Der weibliche Kraftort

Heilige Liebe – Kosmische Macht ...
Du weihest die Herzen – Sieg über Nacht.
Du kündest Dein Kommen – Hülle der Erde ...
In Gnade gebierst Du das neue ‚Es werde' ...

Nun bin ich an einem zweiten starken Kraftpunkt dieser Erde. Auf Machu Picchu. Aber die Ausstrahlung dieser Anlage und der Berge ist eine ganz andere. An diesem Ort kommt die Seele zur Ruhe. Es ist grün, wohin man nur schaut. Die Granitfelsen sind fast an allen Stellen bewachsen und vermitteln dem menschlichen Geist Ruhe und Frieden.

Machu Picchu hat eine andere Ausstrahlung als die drei Pyramiden. Machu Picchu ist weicher, wärmer, weiblicher als das antike Weltwunder. Ja, weiblicher, dies ist der richtige Ausdruck. Machu Picchu ist ein weiblicher Kraftpunkt dieser Erde. Nicht von ungefähr ist Pacha Mama in aller Munde. Wie im Tempel von Pacha Mama, ein Tempel in einer Höhle von Mutter Erde. Man hat das Gefühl, als ob Machu Picchu alles Belastende aufnimmt und in positive, stärkende Kraft umwandelt.

Man hat das Gefühl, als ob Machu Picchu alles Belastende aufnimmt und in positive, stärkende Kraft umwandelt

Wenn man die Energie der Königskammer der Cheopspyramide als konzentriert wie ein Laserstrahl und scharf wie die Klinge eines Schwertes beschreiben würde, dann ist die Energie von Machu Picchu weich wie ein Seidentuch und klar wie ein Bergkristall.

So weich wie ein Seidentuch, dass man das Gefühl hat, alle Probleme und Belastungen in den Schoß von Mutter Erde zu legen. Sie wickelt alles in dieses Tuch ein und nimmt es mit in ihre Erdenhöhle. Dort werden alle Belastungen und Beschwerden freigelassen und das Tuch wird in einem kristallklaren See getränkt. Wenn man dieses Tuch wieder bekommt, beschenkt es uns mit einer Klarheit und dem Frieden eines Bergkristalls.

Machu Picchu wandelt Hektik in Ruhe um, Überaktivität in aktives Geschehenlassen, Hass in Liebe, Stress in Gelassenheit, Zeitdruck in Geduld und Ängste in Frieden. Mein Eindruck ist, dass an diesem Ort alle Disharmonien und egoistischen Anteile, die im Inneren der Seele der Menschen vorhanden sind, in Liebe und Verständnis verwandelt werden. Voraussetzung dafür ist, dass man sich auf die Natur einlässt und der Schöpfung seinen Respekt darbringt.

Alles ist Energie

Gottes Geist ist ungeteilt,
Trennung ist Verblendung,
Selbstsucht tötet, Liebe heilt,
Schlüssel zur Vollendung

Alles, was existiert, ist Schwingung. Und nichts, was existiert, geht verloren. Es wird nur von einer Energieform in eine andere umgewandelt. Führt man Eis Energie zu, wandelt es sich in Wasser um. Führt man Wasser Energie zu, entsteht Dampf. Eis ist schwer, Dampf zum Schluss unsichtbar. Alles ist Energie. Wenn man Holz Energie zuführt, wird es erst schwarz, dann weiß, zum Schluss ist nichts mehr außer ein bisschen Staub übrig. Das Holz ist ebenfalls unsichtbar geworden, das heißt, es hat auf eine höhere, schneller schwingende Energieebene gewechselt.

Da die Geschwindigkeit einer Schwingung dafür sorgt, was für eine Dichte ein Gegenstand erhält, erklärt dies auch, dass die unterschiedlichen Schwingungen unterschiedliche Ausstrahlungen haben. Die langsamste Schwingung, die Materie, kann mit den Fingern gefühlt werden. Erhöht sich die geistige Schwingung, kann sie vom Menschen ab einer gewissen Geschwindigkeit mit den fünf Sinnen nicht mehr wahrgenommen werden, nur noch mit den Empfindungen der Seele. Trotzdem existiert diese Energie noch.

Jedes Ding, jedes Wesen, jeder Mensch hat seine individuelle Aura oder Ausstrahlung, da die Schwingung individuell ist. Da aber nichts, was existiert, aus sich selbst heraus leben kann, muss Energie von außen zugeführt werden. Ein Stein braucht eine gewisse Hitze, einen gewissen Druck und spezifische Mineralien, um zu wachsen. Eine Pflanze braucht das richtige Klima, Mineralien und Wasser. Wir Menschen brauchen Mineralien, Vitamine und Wasser. Was aber den individuellen und eigentlichen Menschen ausmacht, ist nicht sichtbar. Es ist unsichtbar. Es ist geistig. Seele.

Alle Wesen brauchen neben den materiellen Dingen, den langsam schwingenden Energien, noch höher schwingende Formen von Energie, geistige Energien. Die wichtigste: die Liebe. Bringt man Lebewesen seine Liebe entgegen, können sie wachsen. Ob Stein, Pflanze, Tier oder Mensch. Und diese höher schwingenden Energien sind für uns Menschen, wie schon gesagt, unsichtbar und können nicht als Nahrung über den Mund aufgenommen werden. Deshalb muss es noch andere Formen der Nahrungsaufnahme beim Menschen geben, um diese unsichtbare Energie direkt aus dem Kosmos zu verspeisen.

Bringt man Lebewesen seine Liebe entgegen, können sie wachsen. Ob Stein, Pflanze, Tier oder Mensch

Machu Picchu - der Solarplexus der Erde

Wille –
Aller Erfüllung und Freiheit Pfad –
Lenke dein Streben nach göttlichem Rat ...
Scheide dich vom Vergänglichen,
finde zum Unzertrennlichen,
Liebe die Erdenpflicht,
suche in allem das Licht,
den Geistgrund der Schöpfersaat –
Wille ist keimende Tat.

Im Schwingungsfeld des Menschen, in seiner Aura, gibt es Verdichtungen von Energien. Oder anders gesagt, Kraftzentren, an denen sich Energien konzentrieren und von denen bestimmte Funktionen des Organismus in Gang gesetzt oder harmonisiert werden. Außerdem nehmen diese Kraftzentren die unsichtbare Energie aus dem Kosmos auf, damit der Körper mit dieser Energieform genügend versorgt wird.

Diese Kraftzentren sind schon seit Jahrtausenden bekannt, und in den ältesten Aufzeichnungen der Erde, die in Indien gefunden wurden, werden diese Zentren ‚Chakras' genannt. ‚Chakra' kommt aus dem Sanskrit und bedeutet ‚Rad'. Chakren sind kreisförmig und im feinstofflichen Körper des Menschen zu finden.

Sieben Hauptchakren sind beim Menschen zu finden. Das erste sitzt am Steißbein und heißt Wurzel-Chakra und ist zuständig für die physische Lebenskraft.
Das zweite Chakra befindet sich eine Hand breit unterhalb des Nabels und wird Sakral-Chakra genannt. Es ist für das Selbstwertgefühl und für unsere kreativen Kräfte zuständig.
Das dritte Zentrum ist das Solarplexus- oder Sonnengeflecht-Zentrum. Es liegt etwas oberhalb des Nabels in der Körpermitte. Von diesem Ort werden die physischen Energien verteilt und Emotionen und Ängste umgewandelt.

Das vierte Chakra ist das Herz-Chakra und befindet sich auf der Höhe des Herzens in der Mitte der Brust. Es ist für bedingungslose Liebe und Mitgefühl zuständig.
Das fünfte Zentrum ist das Hals-Chakra und befindet sich am Kehlkopf. Es ist für den Selbstausdruck und für die Kommunikation zuständig.
Das sechste Zentrum ist das Stirn-Chakra, auch Drittes Auge genannt. Es befindet sich in der Mitte der Stirn. Dieses Zentrum sorgt für die außersinnlichen Wahrnehmungen, also alle Wahrnehmungen, die nicht in die Rubrik der fünf bekannten Sinne fallen.
Das siebte Chakra ist das Kronen-Chakra und befindet sich oben auf dem Kopf und ist für das höchste dem Menschen erreichbare Bewusstsein zuständig.

Da alle Lebewesen einen solchen feinstofflichen Körper mit den beinhalteten Krafträdern besitzen, sollten wir davon ausgehen, dass ein noch komplexeres Lebewesen wie die Erde es darstellt, ebenfalls ein solches System zur Verfügung hat. Demzufolge gibt es auf der Erde ebenso verschiedene Kraftpunkte, wahrscheinlich viele, viele mehr.

Über diese Kraftzentren bezieht die Erde ihre Energie aus dem Kosmos. Über diese Zentren wird dieser Planet durch die Galaxis mit feinstofflicher Energie ernährt. Könnte man die Ausstrahlung der Erde sehen, wüsste man, an welchen Plätzen sich diese Zentren befinden, da sich an diesen Orten, wie schon gesagt, eine Konzentration von Energien befindet.

Nach meinem Gefühl gibt es irgendwo in Tibet eines (vielleicht Lhasa), die Osterinseln sind mit Sicherheit eines, vielleicht Stonehenge, vielleicht Teothihuacan in Mexiko, vielleicht Ayers Rock in Australien. Die Gegend der Pyramiden in Gizeh könnte nach meiner Erfahrung vor einigen Jahren das Dritte Auge sein.

Ein neues Bewusstsein wurde wie ein Laser durch das Dritte Auge in mich hineingestrahlt.

Und nun zu Machu Picchu. Diesen Ort empfinde ich als den Angst-Umwandler. Und wenn ich mir die Chakren mit ihren Aufgaben anschaue, müsste dies das Sonnengeflecht-Zentrum sein. Das Zentrum, in dem alle Belastungen und Probleme bis hin zu den extremsten Ängsten umgewandelt werden. Die ersten dieser Erlebnisse hatte ich auf dem Weg zum Tempel von Pacha-Mama gehabt, die nächsten noch stärkeren beim Auf- und Abstieg vom Berg Machu Picchu. Die absolute Konfrontation mit meinen Ängsten sollte noch kommen und bestätigte meine eben dargestellten Ansichten.

Der schwarze Hund

Dein Handeln sei von Gott durchdrungen –
Edles Streben nach dem Licht ...
Vergang'ne Last – sie ist bezwungen
Die Seele reift zu hoher Sicht ...

Ganz langsam trat eine Angst in mein Bewusstsein, die ich schon mein Leben lang hatte. Ausgelöst wurde sie durch einen schwarzen Hund. Eines Morgens, wir saßen wieder in der Nähe unseres schönen Aussichtspunktes, rief Monika aus: „Sei vorsichtig!" Bevor ich genau wusste warum, stand neben uns ein schwarzer Hund, der sich zwischen uns stellte und sich nach ein paar Sekunden niederließ. Wir saßen ungefähr vier Meter auseinander und der Hund legte sich haargenau in die Mitte. Durch den Ausruf von Monika wurde ich umgehend in meine alte Angst vor schwarzen Hunden gestoßen.

Schon als ich klein war, träumte ich oft von schwarzen Hunden, die mir nachrannten und mich anfallen wollten. Immer lief ich weg und wollte mich verstecken, aber immer wieder fanden sie mich und fielen mich an. Und jedes Mal wachte ich auf. Und jetzt tauchte hier auf Machu Picchu ein schwarzer Hund auf. Und zudem sah er so dreckig aus, dass man meinen konnte, dass er sämtliche übertragbaren Krankheiten haben könnte inklusive Flöhe.

Schon als ich klein war, träumte ich oft von schwarzen Hunden, die mir nachrannten und mich anfallen wollten. Und jetzt tauchte hier auf Machu Picchu ein schwarzer Hund auf

Nach einer Weile stand er wieder auf, lief zwei Meter auf Monika zu, blieb stehen und legte sich bis auf einen Meter zu mir. Dabei drehte er sich, sodass ich eine große Wunde an seiner linken Seite sehen konnte. Nach ca. fünf Minuten stand er wieder auf, trottete ein paar Schritte durch die Gegend und legte sich mit seiner Schnauze ca. 20 cm neben meinen Kopf. Erst bei diesem Abstand merkte ich, dass ich hier und jetzt meine alte Angst dem Berg geben sollte. Ich dankte dem Hund für diese Erkenntnis und segnete ihn. Auf die Sekunde, in der ich fertig war, stand er abrupt auf und ging seines Weges und wurde nie mehr wieder gesehen.

Meine größte Angst

Allbewusstsein – Frohes Denken –
Segen strahlt aus inn'rer Sicht ...
Liebe will sich dir verschenken –
Und auch Leid führt dich ins Licht .

Mit diesem Hund trat eine Angst in mein Bewusstsein, die von Tag zu Tag immer stärker wurde. Drei Tage später fasste ich den Entschluss, dass ich mich meiner Angst stellen müsste. Aber welche Angst war es?

Ich wollte eine Nacht einmal bei klarer Sicht mitten auf den Ruinen die Sterne sehen. Schon in den ersten Tagen suchte ich mir die Nacht vom 16. September aus. Oft lag ich vorher des Nachts auf der Liegefläche des Hotels und sah regelmäßig, wie sich ungefähr um acht Uhr abends der Himmel zuzog und die Sterne hinter den vielen Wolken verschwanden. Einige Male regnete es auch. Deshalb war ich nicht unbedingt zuversichtlich, dass ich eine freie Sicht auf das Universum haben würde. Aber ich versuchte es.

Am Abend vor dem 16. September tauchte in mir eine Angst auf, die so stark war, dass sie über meine Gedanken herrschte. Sogar beim Schließen von Hoteltüren am Ende des Ganges zuckte ich in meinem Bett zusammen. Was war los? Wovor hatte ich Angst? Auf einmal wusste ich es: Angst vor der Dunkelheit. Mir war auf einmal klar, dass ich in die Ruinen muss, nicht um die Sicht auf den Sternenhimmel zu haben, sondern damit ich nachts in der Dunkelheit, fast ganz alleine irgendwo am anderen Ende der Welt an einem verlassenen Platz stehe und mich der Dunkelheit stelle.

Schon in Deutschland war der Gedanke, nachts in den Ruinen zu sein, wie reine Magie. Ich stellte mir die Sterne vor, wie sie mit mir sprechen. Ich stellte mir den Mond vor, wie er mit mir spielte und ich fühlte, wie Machu Picchu mich am Kopf streichelt. Aber nichts dergleichen. Erstens sah ich Sterne und Mond kaum und zweitens hatte ich Angst. Ich musste mich jetzt endlich meiner Angst vor der Dunkelheit stellen.

Schließlich ließ ich mich von Monika überzeugen, dass ich nicht alleine gehen sollte, denn bei Angstritualen weiß man nie, was passiert. Nachdem ich meinen falschen Stolz bekämpft hatte, sowas alleine durchstehen zu müssen, ging es um 17.30 Uhr los. Denn bald würde es oben auf Machu Picchu stockdunkel werden. Nachdem wir beide wieder je 20 Dollar für ein Nachtticket abgedrückt hatten und uns mit dem Wächter geeinigt hatten, um 22.00 Uhr wieder zurückzukommen, schlugen Monika, recht zuversichtlich, und ich, etwas angeschlagen, den Weg zum Haupttempel ein. Es war noch hell, aber nur wenige Touristen waren noch zu sehen. Einige wunderten sich, dass wir kurz vor 18.00 Uhr Hunderte von Stufen hoch stiegen, aber mir war es total egal, denn die Angst wurde stärker. Als ich dann auch noch einen halben Meter große Ratten umherlaufen sah, fingen für mich zwei Stunden Hölle an.

Die Angst wurde stärker. Als ich dann auch noch einen halben Meter große Ratten umherlaufen sah, fingen für mich zwei Stunden der Hölle an

Nachts in den Ruinen

Deine große Sternenreise,
frei vom lastenden Nichts,
trägt dich über Weltenkreise
in die Sphären des Lichts ...

Angst. Wo ich hinschaute, was ich hörte, es löste Angst in mir aus. Es war ein sternenklarer Abend und der Mond schien hell. In einigen Tagen müsste Vollmond sein. Wir legten uns auf den großen Tisch auf dem Hauptplatz. Wir zündeten eine Kerze an, baten um göttliche Begleitung und um die Hilfe bei der Angstarbeit. Es herrschte absolute Stille. Nur wenige Zweige des kleinen Gartens bewegten sich. Dann hörten wir Schritte. Waren noch mehr Touristen in den Ruinen? Wir waren auf alles gefasst. Noch mehr Schritte. Und die Angst tobte in mir. Aber wir sahen nichts. Angst pur. Ich setzte einen positiven Satz dagegen und versuchte die Angst somit in ihre Grenzen zu weisen. Aber nichts half. Schließlich fielen mir Worte aus dem Film ‚Der Wüstenplanet' ein, in dem es auch um Kontrolle über Ängste geht. Ich wusste den Wortlaut nicht genau, aber von da an sagte ich mir ungefähr zwei Stunden lang: „Ich gehe durch die Angst. Und hinter der Angst bin nur ich: Licht!"

Ich gehe durch die Angst. Und hinter der Angst bin nur ich. Licht!

Durch diese konzentrierte Arbeit, es war eine einzige Maloche, merkte ich gar nicht, wie sich der Himmel zuzog. Ah ja, es war wieder kurz vor acht. Wie jeden Abend. Zum Glück war Monika an meiner Seite, sonst hätte ich, glaube ich, den Abend nicht überlebt. Die Angst wurde mir immer bewusster. Die Angst vor der Dunkelheit, die Angst vor Ratten, die Angst im Kerker zu verhungern und von irgendwelchen Viechern angefressen zu werden, die Angst vor Disharmonie und die Angst vor der absoluten Negativität. Mir wurde klar, dass die schwarzen Hunde, die mich in Träumen immer verfolgt hatten, meine Ängste waren, die mein Leben bestimmt hatten. Mir wurde klar, dass ich meine Ängste selbst in der Hand habe und dass ich Licht bin, schnell schwingende Energie.

Und noch eine tiefere Ebene der Ängste trat hervor. Mir wurde bewusst, dass hinter der Angst vor der Dunkelheit die Angst saß, nicht mehr zurück nach Hause, nicht mehr zurück in mein geistiges Zuhause zu kommen. Die Angst vor der Dunkelheit symbolisiert die Existenz einer dunklen Seite. Die Existenz einer Kraft mit ihren dunklen Mitarbeitern, die alles versucht, um das Licht auszulöschen und um Liebe, wo immer sie entsteht oder herrscht, zu zerstören. In mir tauchte eine kristallene Klarheit auf, die ich nur sehr selten in meinem Leben erlebt habe. Ich wusste, dass das Negative Realität ist und nicht, wie viele sagen, in uns selbst entsteht und ein Teil von uns ist. Die Negativität ist Realität, aber die Liebe siegt immer. Und diese Erkenntnis, dass die tiefste Angst die ist, nicht mehr nach Hause zu kommen und dass die Liebe immer über die Negativität, die beide real existieren, triumphiert, dies erleichterte mich.

Und dann auf einmal bemerkte ich, dass ich keine Angst mehr hatte. Diese extreme Angst, diese Abgründe, waren fort. Mir war nicht mehr mulmig. Ich war nur noch erleichtert. Und dann geschah etwas, das ich mir immer noch nicht erklären kann. Die Wolken, die über uns waren, lösten sich einfach auf. Sie sind nicht weggezogen, denn nirgends konnte man vorher die Sterne sehen. Nein, sie lösten sich einfach auf und waren fünf Minuten später nicht mehr zu sehen. Die klarste Sicht, die man sich auf die Sterne vorstellen kann.

Und jetzt merkte ich, wie die Sterne mir zublinkten und wie der Mond mit mir lachte. Die Ängste lösten sich genau wie die Wolken auf. Und die Freude trat in mein Seelenhaus und ließ sich nieder und wir feierten zusammen ein Fest.

Machu Picchu - die Kristallstadt

Kristalle sind mein einfach' Leben,
Widerschein aus edlem Stein –
Meine Sehnsucht und mein Streben
Sind das Licht im göttlichen Sein.

So erkenne meine Lehre,
lass dich an Gott erinnern :
Ringe, dass das Licht sich mehre,
strahlend aus der Kraft des Innern.

Am nächsten Morgen war ich früh wach und fühlte mich total gestärkt, als ob ich eine Frischzellenkur hinter mich gebracht hätte. Ich fühlte mich, als ob ich die ganze Welt umarmen könnte. Monika blieb heute im Garten des Hotels liegen, da sie Durchfall bekommen hatte und ich steuerte den Hauptplatz von gestern an, lehnte mich an einen großen Megalithen und ließ einfach die Zeit an mir vorbeiziehen.

Als ich da so saß, merkte ich, wie sich Bilder mir aufdrängten. Ich sah mich als Bergkristall, ich sah die Klarheit dieses Minerals ebenfalls in meinem Geist, als ob gestern Abend jeglicher Schmodder aus meiner Seele herausgepustet worden war. Eine Geschichte zog in meinen Gedanken vorbei.

Als ich so da saß, merkte ich, wie sich Bilder mir aufdrängten. Ich sah mich als Bergkristall, ich sah die Klarheit dieses Minerals

Ich bin ein Bergkristall. Ich wurde vor Millionen von Jahren erschaffen und bin unter viel Druck und Hitze im Erdinneren entstanden. Nach vielen Millionen Jahren des Wachsens bin ich in meinem Inneren immer klarer geworden. Ich war eingebettet in einer kleinen Gruppe und war ein Teil einer großen Familie. Dann eines Tages kam der Tag, an dem die Erde über mir verschwand und ich auf einmal eine Helligkeit empfand, die mich blendete. Ich brauchte einige Jahre, um mich an das Licht zu gewöhnen. Ich wurde schließlich aus der Erde geholt und musste meine Familie verlassen. Von da an fühlte ich mich im Leben getrennt von allem und total verlassen, bis ich an diesen magischen Ort kam und mich erkannte, dass ich voller Licht bin und meine Aufgabe als Bergkristall die ist, dieses Licht nach außen scheinen zu lassen.

Warum tauchte diese Geschichte in meinem Inneren auf? Die Berglandschaft, in die Machu Picchu eingebettet wurde, ist auf Felsen gebaut, die zu einem großen Teil aus Granit bestehen. Und Granit ist ein körniges Gemenge aus Feldspat, Glimmer und Quarz. In einigen Megalithen erkennt man, wie sich kleine Adern aus Quarz durch den Felsen ziehen. Und der Bergkristall ist der bekannteste Vertreter aus der Quarzfamilie. Letztendlich ist Machu Picchu auf Quarz gebaut. Und Quarz ist, wie man am Bergkristall sieht, pures Licht. Manche Bergkristalle sind so klar, dass sie mit Glas verwechselt werden, da sie total durchsichtig sind.

Aber nicht nur Machu Picchu besteht zu großen Teilen aus Quarz. Fachleute schätzen, dass etwa ein Drittel der Erdkruste aus Quarz besteht, aus Siliziumdioxyd, SiO_2. Ebenfalls, und das ist das Interessante, wird das Gleichgewicht auf der Zellebene im Menschen durch einen großen Reichtum an Silizium aufrechterhalten. Genauso wie die riesigen Kristalle in der Erdkruste, die das Energiefeld der Erde und somit auch das Energiefeld unseres Sonnensystems bewahren.

Die Bergkristalle sind, wie alle Lebewesen, Geschöpfe Gottes. Sie wachsen in der Natur wie z.B. Bambus oder Zedern. Nur sehr viel langsamer. Da sie auf natürlichem Wege entstanden sind, schwingen sie in Übereinstimmung mit der ursprünglichen kosmischen Kraft, mit dem Leben selbst. Mit anderen Worten: Quarze wie der Bergkristall sind im Einklang mit dieser Kraft, was sie mit ihrer inneren Klarheit deutlich zum Ausdruck bringen. Und da sie im Einklang mit dem Leben sind und eine sehr viel höhere Energiekonzentration haben als der Mensch, geben sie automatisch, so lautet ein physikalisches Gesetz, Energie an uns als ein Lebewesen ab, das geringere Energiefrequenzen aufweist. Deshalb ist es egal, ob man an die Kräfte der Steine glaubt oder nicht, Bergkristalle - wie alle anderen Steine und Mineralien auch - geben immer Energie an den Menschen ab. Ob man es glaubt oder nicht.

Marcel Vogel zum Beispiel, ehemaliger ranghöchster Forschungswissenschaftler bei IBM in Kalifornien, behauptete, dass in Zukunft Kristalle zum Heilen, in der Gedankenfotografie und in intergalaktischer und interdimensionaler Kommunikation verwendet werden. Kristalle, wahre Schätze der Natur.

Licht

Schon weiten sich der Sinne Kreise,
das Alle erscheint in neuer Sicht –
Auf deiner großen Sternenreise
Erkennst du dich als Licht im Licht ...

Bevor ich auf die Wirkungsweise des Bergkristalles komme, um dann zu erklären, welche Auswirkungen Machu Picchu auf Lebewesen hat, muss ich noch einen kurzen Abstecher in die Welt der Physik machen. Aber keine Bange, ich versuche es ganz einfach zu halten.

Die folgenden Grundgedanken sind alle von der Wissenschaft bestätigt. Aber in ihrer Tragweite sind sie unermesslich. Achtung: Jetzt wird es spannend.

1. Wir sind Lichtwesen. Jede Körperzelle unseres Körpers strahlt Licht aus. Dies wurde vom Biophysiker Prof. Fritz A. Popp 1975 wiederentdeckt, nachdem es in den zwanziger Jahren in Russland erforscht worden war. Auch die Mineralien und Pflanzen strahlen und die Sonne erst recht.

2. Wenn man ein Bild eines Atoms neben ein Bild unseres Sonnensystems hält, wird man deutlich erkennen, dass das Sonnensystem genau wie das Atom aufgebaut ist. Beim Sonnensystem kreisen die Planeten um die Sonne, beim Atom die Elektronen um den Atomkern. Das Kleinste ist im Größten zu finden und das Größte im Kleinsten.

3. Die Planeten und Elektronen bewegen sich kreisförmig im Raum. Wir Menschen in Deutschland legen durch die Erdumdrehung am Tag ca. 20.000 Kilometer zurück. Das sind nicht ganz 1000 Kilometer die Stunde. Die Geschwindigkeit der Erde bei ihrem jährlichen Umlauf um die Sonne beträgt 108.000 Stundenkilometer. Und die Sonne wiederum kreist ihrerseits mit einer noch höheren Geschwindigkeit durch die Galaxis usw.

Daraus folgt, dass alles, was existiert und lebt, das Kleine und das Große, Licht ist. Und dass alles was existiert und Licht ist, in Bewegung ist. Und daraus folgt, dass alles, was Licht ist und kreisförmig im Raum in Bewegung ist, spiralförmig wächst. Und daraus folgt, dass auch Gott Licht ist und spiralförmig wächst. Ist das nicht gigantisch?

Daraus folgt, dass alles, was existiert und lebt, das Kleine und das Große, Licht ist

Die Wissenschaft hat bewiesen, dass Gott immer in Bewegung ist und sich immer weiter vervollkommnet. Und dass Gott Licht ist und wir ein Teil von ihm sind, weil wir auch Lichtwesen sind. Und daraus folgt wiederum, dass wir uns weiterentwickeln, wenn sich andere Menschen weiterentwickeln und dass sich infolgedessen auch Gott weiterentwickelt. Es ist alles so einfach, oder?

Das war der kurze Abstecher in die Welt der Physik. Es wurde von den Forschern bewiesen, dass alles Licht ist. Es wurde bewiesen, dass in jedem Lebewesen der natürliche Weg zur Vervollkommnung enthalten ist. Es müssen demnach Informationen in den Zellen gespeichert sein, die einerseits den Zellen eines Kirschkerns sagen, wachse zu einem Kirschbaum heran und andererseits den Zellen einer menschlichen Eizelle mitteilen, zu einem Menschen heranzuwachsen.

Machu Picchu - Eine Universität des Geistes

Alles was auf Erden ist,
findet sich auch oben ...
Was du denkst und was du bist,
muss sich hier erproben –

Nun kommen wir zum Bergkristall zurück. Auch er wächst spiralförmig und hat die Fähigkeit, kosmisches Wissen zu speichern. 100 bis 125 Millionen Jahre Entwicklung sind in ihm gespeichert, denn so alt sind die meisten Bergkristalle. Da er eine hochkonzentrierte kosmische Kraftquelle ist, sorgt er dafür, dass durch seine Kraft die Zellen unterstützt werden, ihrer Bestimmung zu folgen, die in ihnen von der Natur gespeichert wurde. Der Bergkristall verstärkt die eigene Lichtenergie um ein Vielfaches.

Zweitens wandelt er durch seine konzentrierte lichtvolle Energie seelische, geistige und körperliche Störungen in den Zellen in noch mehr Licht und noch mehr Kraft um, damit sie wieder ihrer eigenen Bestimmung folgen können.

Drittens zeigt dies, dass der Bergkristall, diese hochkonzentrierte Form des Lichts, gut als Speicher für Informationen jeglicher Art dienen kann. Deshalb wird der Quarz auch in der Mikrochipindustrie als Speichermedium verwendet. Der Bergkristall erhöht in unseren materiellen sowie in unseren geistigen Zellen die Fähigkeit, kosmisches Wissen aus dem Universum zu speichern.

Der Bergkristall erhöht in unseren materiellen sowie in unseren geistigen Zellen die Fähigkeit, kosmisches Wissen aus dem Universum zu speichern

Fassen wir zusammen: Der Bergkristall konzentriert, verstärkt und wandelt Energie um und speichert Informationen. Betrachten wir wieder Machu Picchu. Diese Stadt gebaut auf Quarz und eingebettet in die Natur hat genau diese Eigenschaften, die meine Frau und ich in den zwölf Tagen und Nächten, die wir uns ununterbrochen in den Ruinen aufgehalten haben, ebenso gefühlt haben.

Wenn wir auf unseren Lieblingsplätzen saßen und die Gedanken laufen ließen, gab es Momente, in denen wir uns hochkonzentriert und gestärkt fühlten. Zudem haben wir deutlich gespürt, wie die Energien von Machu Picchu unsere Ängste in Kraft umgewandelt haben. Und Wissen ist aufgebrochen. Wer weiß, was noch in unseren Seelen gespeichert wurde, von dem wir noch nichts wissen?

Wir fühlten uns wie auf einer geistigen Universität. Hier herrschen die besten Voraussetzungen, um zu studieren, egal welches Fach. Egal welches Gebiet. Die Energie von Machu Picchu ist stark, harmonisch und randvoll mit kosmischem Wissen gefüllt. Hier wird deutlich, dass es nicht um eine Universität in der uns bekannten Form geht, wo das Augenmerk auf die Wissensver-

n: eine der typischen Folkloregruppen, die man in Peru überall dort findet, wo es auch Touristen gibt

en: Die Kirche Santo Domingo in Cusco, erbaut auf dem Fundament eines Inka-Tempels namens Coricancha

Ein Ort voller Magie: Sacsayhuaman, oberhalb von Cusco gelegen

'wischen die Megalithe
asst keine Rasierklinge.
Ver baute diese Mauern?

oben: Die Inkastätte Ollantaytambo
unten rechts: ein technisch anmutender Megalith in Ollantaytambo
unten links: Die Mauer der sechs Megalithen in Ollantaytambo

oben: ein Volksfest in Chinchero. Auffallend die Farbenpracht der einheimischen Trachten
unten: der große Platz in Chinchero. Im Hintergrund die großen Mauern aus Megalithen, ähnlich denen in Sacsayhuaman

oben:
das ‚Heilige Tal der Inka'
unten:
das typische ländliche Peru

oben: Aguas Calientes, ca. 8km von Machu Picchu im Tal des Urubamba gelegen

unten: Die Endstation des Zuges, der sich täglich einmal von Cusco nach Aguas Calientes und wieder zurück durch das Tal des Urubamba quält

folgende Doppelseite: Ein Lichtspiel auf den Ruinen von Machu Picchu

Vier mal die Stadt des Friedens mit Huayna Picchu im Hintergrund

folgende Doppelseite: links Hanan, die Oberstadt und rechts Hurin, die Unterstadt, beide durch den Hauptplatz in der Mitte getrennt

oben: Hurin, die Unterstadt
unten: Hanan, die Oberstadt

oben:
der alte Eingang in die Stadt
unten:
vom heutigen Touristeneingang gesehen. Hier wird die Ausdehnung der Ruinen deutlich

oben: vier mal typische Fenster und Türen im ‚Inka'-St
folgende Seite: aus der Dunkelheit ins Licht

oben:
ein beliebter Treffpunkt und Ruheplatz: im Schatten eines der wenigen Bäume

unten:
die Oberstadt. Das Haus des Wächters oben links überragt alle

Zweimal der Hauptplatz bei traumhaftem Sonnenschein. Zur Zeit unseres Besuches war der Platz gesperrt, damit das neu gesäte Gras nachwachsen konnte

oben: Machu Picchu vom Berg Machu Picchu aus gesehen
unten: Machu Picchu von unserem Lieblingsplatz am äußersten Rand der Terrassen aus gesehen

oben: der Pyramidenstein
unten: Natur pur

links oben: typisches Haus der Inkas. An den Pfosten wurde wahrscheinlich das Schilfdach festgezurrt

links unten: der 600 Meter höhere Machu Picchu wirkt wie ein geheimnisvoller Wächter, der die Ruinenstadt zu beschützen scheint

rechts: eine der vielen Treppen. Keine Stufe gleicht einer anderen, deshalb ist Achtsamkeit ein Zauberwort

Der Haupttempel, der trotz einiger großer Erdbeben nicht zusammengefallen ist

Der Tempel der drei Fenster, von außen gesehen

Zwei Megalithe der beiden zentralen Tempel am Hauptplatz. Im oberen Bild sieht man gut, wie eine primitivere Bauweise die ältere stärkeren Fundamente genutzt hat

Die rechte Wand des Tempels der drei Fenster. Oben von außen gesehen, unten von innen

oben: der Tempel der drei Fenster. Im Vordergrund ein Opfertisch, auf dem ich während unseres nächtlichen Aufenthaltes meine Ängste dem Universum ‚geopfert' hatte

unten: die drei offenen Fenster

Die linke Mauer des Tempels der drei Fenster. Die große Kerbe im Megalithen diente für irgendeinen Balken der hineingeschoben wurde, da in der rechten Wand des Tempels die gleiche Kerbe zu finden ist

oben: der Meditationsraum oder die Kammer der inneren Sammlung, die eine faszinierende Ruhe ausstrahlt und eine interessante Akustik bietet

unten: der Stein der 32 Ecken in der Meditationskammer

oben: ein typischer Anblick des Hauptplatzes. Überfüllt mit Touristen
mitte: der schwarze Hund, der meine Ängste vor der Dunkelheit nochmals richtig hervorholte
unten: unsere vierbeinigen Freunde, Alpakas und Lamas

Diese und folgende Seite: die Stufenpyramide und das Intihuatana auf der Spitze aus drei verschiedenen Blickwinkeln gesehen

Das Intihuatana, ‚wo die Sonne angebunden wird'. Wenn man statt Sonne Raumschiff schreibt, könnte dies eine ganz neue Bedeutung haben

oben links und rechts:
Der Tempel des Kondors
unten: die zwei Mörser

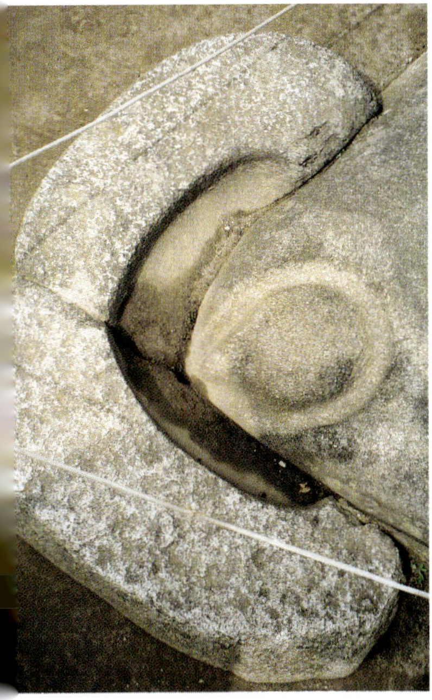

oben: unter dem Tempel der Sonne liegt diese Kammer oder Spalt, die sogenannte Grabkammer des Inka.

unten: der Torreon, oder Sonnentempel. Von hier aus sieht man, dass die Mauern um den Megalithen herumgebaut wurden

nächste Seite: Der Sonnentempel

Die Inka verfügten über ein grandioses Bewässerungssystem. Hier einige Überreste. Unten rechts eines der 16 untereinander angebrachten Bäder

oben: an der Rückseite des Haupttempels befindet sich diese Einbuchtung. Was bedeutet sie?
unten: ein deutliches Beispiel für einen Riss in einem Megalithen. Im Gegensatz dazu die vielen ‚geschnittenen' Kanten. Dies zeigt, dass die Megalithen mit einer höheren Technik bearbeitet wurden

oben: der heilige Stein in der Form eines Pumas
unten links: der Begräbnisfelsen. Oder vielleicht eine Einweihungsstätte unter der Aufsicht des Apus Machu Picchu
unten rechts: der Kontrollpunkt mit Huayna Picchu im Hintergrund. Wenn man den ‚jungen' Gipfel ersteigen oder den Mondtempel besuchen möchte, muss man vor 13.00 Uhr diesen Punkt passiert haben

oben: der Mondtempel oder die Höhle von Pachamama
unten: ein Platz der Ruhe und Meditation

oben: Intipunku, das Sonnentor
unten: Die Inkabrücke, die mittlerweile für Touristen gesperrt ist.

Machu Picchu vom Inkapfad (oben) und vom Sonnentor aus gesehen

nächste Doppelseite: Machu Picchu vom Berg Machu Picchu aus gesehen

oben: Machu Picchu liegt an den südlichen Ausläufern des großen Amazonasgebietes und hat somit subtropisches Wetter

unten: der Berg Putucusi und der Urubamba-Fluss

Grandiose Landschaften lassen jeden zur Ruhe kommen

oben: innerhalb weniger Minuten kann es total bewölkt werden
unten: wo man hinsieht nur Berge

oben: die Ruinen bei Sonnenaufgang
unten: nächtlicher Blick gen Westen
nächste Doppelseite: Machu Picchu – die Stadt des Lichts

oben: Machu Picchu – die Stadt in den Wolken. Eine sehr interessante Wolke in der Mitte, oder?

unten: Machu Picchu – die Stadt der Magie

diese und folgende Seite: Machu Picchu – die Stadt der Gegensätze: Licht und Schatten

diese und folgende Doppelseite: Machu Picchu – die Stadt des Regenbogens.
Ein wunderschöner, doppelter Regenbogen

Die drei Apus, oder Berggeister, die Machu Picchu beschützen. Der Apu Machu Picchu unten, oben rechts Putucusi und oben links der Huayna Picchu

oben: der mächtige Apu Machu Picchu.
Sehen Sie sein Gesicht?

unten: zwei kleinere Apus

diese und nächste Seite:
einige Beispiele der örtlichen Flora und Vegetation. Es gibt ungefähr 250 Orchideenarten i[n] der Gegend um Machu Picchu

oben: die Hiram Bingham-Straße: der Entdecker Machu Picchus für die westliche Welt gab der Serpentinenstraße zu den Ruinen seinen Namen

unten: der Eingangsbereich zu der Stadt in den Wolken

oben: Blick vom Garten unseres Hotels
unten: links das Hotel, in der Mitte der Eingang zu den Ruinen

Machu Picchu – der Eingang zum (inneren) Frieden

mittlung gelegt wird, sondern um eine ganzheitliche Universität, die auf menschliche und spirituelle Weiterentwicklung spezialisiert ist.

In den Ruinen von Machu Picchu

Unermesslich ist die Fülle,
die uns Gottes Liebe schenkt –
Unergründlich ist Sein Wille,
der Natur und Leben lenkt ...

Machen wir einmal einen gemeinsamen Rundgang durch Machu Picchu. Nachdem wir durch die zwei Wärterhäuschen hindurchgegangen sind, kommen wir zu mehreren kleinen Häuschen auf der rechten Seite. Entweder kann man links einen Weg mit vielen Stufen hochgehen, an dessen Ende man beim Haus des Terrassenverwalters herauskommt. Von dort hat man den grandiosen Blick über die ganze Ruinenstadt. Dies ist der Ausblick mit dem für Machu Picchu so typischen Fotomotiv. Während unseres folgenden Rundgangs werde ich Ihnen die wichtigsten Gebäude und Tempel beschreiben, wobei mir nicht wichtig ist, wofür sie benutzt wurden. Und wer sie benutzt hat, denn wie immer, nichts Genaues weiß man nicht. Würde ich seitenweise Beschreibungen der Gebäude und Theorien der Benutzung aufstellen, ginge ich von einer falschen Grundüberlegung aus, wären die Seiten überflüssig, denn sie wären schlicht und einfach falsch.

Wenn wir am Hauptweg bleiben und direkt auf die kleinen Häuschen zusteuern, schreiten wir durch einen Eingang, extra für Touristen gebaut. Gehen wir dann noch ungefähr hundert Meter weiter, stehen wir mitten in den Ruinen. Rechts von uns sehen wir Hurin, die untere Stadt, und links Hanan, die Oberstadt.

Das ganze Areal dieser Stadt misst ungefähr 500 Meter in der Breite und 700 Meter in der Länge. Hunderte von Treppen ziehen sich durch die ganze Stadt mit Tausenden von Stufen. Alles befindet sich in einer Einheit, und die beiden Stadtteile werden durch einen dreigeteilten Hauptplatz voneinander getrennt. Den Norden säumt Huayna Picchu, den Süden Machu Picchu. Alles in allem sind über 200 Gebäude zu zählen, von denen nur eines mit einer Rundung gebaut wurde: Der Sonnentempel. Sonst sind sie im typischen Inkastil erstellt worden. Auffallend ist, dass von den Gebäuden sehr viele nur drei Seitenwände haben und viele mit drei auf dieselbe Seite führenden Türen gebaut wurden. Worin der Sinn liegt, weiß man nicht. Fast alle Gebäude haben trapezförmige Nischen in den Wänden. Außen an den Seitenwänden ragen Pfosten heraus, die wohl zum Befestigen der Dächer benutzt wurden. Die Dächer wurden hauptsächlich aus Schilf gebaut und mussten regelmäßig repariert werden, da das Klima auf Machu Picchu sehr feucht ist. Solide Bauweise der Wände, teilweise ohne vierte Wand, bei viel Regen und mit einem dünnen Schilfdach. Sehr ungewöhnlich.

Hurin - die Unterstadt

Die Körperwelt ist Schatten nur
In zeit- und raumbegrenzter Sicht –
Im Innern leuchtet hell die Spur,
ein Funken ist's vom ew'gen Licht ...

Hurin, die Unterstadt. Ihr wird nachgesagt, dass hier der wirtschaftliche Teil des Lebens stattfand. Die Stadt der Arbeiter. Es wird sowohl im physischen Sinne gemeint sein, denn dieser Teil liegt tiefer als die Oberstadt, als auch im sozialen Sinne, denn hier werden wohl die Arbeiter ihre Behausung gehabt haben. Die Priester oder Könige oder wer auch immer in der Stadt in den Wolken wohnte, werden in der Oberstadt gewohnt haben.

Gehen wir rechts hinunter in die Unterstadt, fallen zwei Plätze auf. Erstens der Pyramidenstein. Ein großer Megalith, dessen eine Seite abgeflacht ist wie eine Pyramide und an dessen oberem Ende ein Sitz in den Stein gemeißelt wurde. Wir saßen öfters auf ihm und stellten eine ganz starke Kraft fest, die dieser Stein ausstrahlt. Jedenfalls geht von diesem Megalithen eine große Faszination aus, wenn man sich ihm einige Momente widmet.

Etwas tiefer erreichen wir den zweiten Platz: der Tempel des Kondors, der als Opferstätte für die Götter überliefert ist. Es ist ein Stein in der Form eines Kondorkopfes, und hinter dem Kopf sind Felsen in die Form von Flügeln gebracht worden. Hiram Bingham sprach diesem Bereich des Komplexes das Gefängnis zu. Dies zeigt, wie teilweise seltsam diese Plätze betitelt wurden. Gefängnisse zum Beispiel, gab es bei den Inka nicht, Menschen wurden bei Missetaten mit körperlicher Marter, Verbannung und im extremsten Fall mit dem Tod bestraft, aber niemals mit Einsperren.

Geht man einige Treppen höher, kommt man in einen Bereich mit vielen kleinen Gebäuden, die teilweise, wenn man sich nicht gut auskennt, wie ein Irrgarten wirken. In einem dieser Räume befinden sich zwei Steinteller, im Boden befestigt. ‚Raum des Mörsers' sein Name. Aber was macht das für einen Sinn, zwei Mörser, nicht einmal gleichmäßig in die Erde gesetzt, nicht verrückbar, nur um Getreide zu zerreiben? Ein großes Fragezeichen bleibt.

Geht man durch die Unterstadt in Richtung Norden, kommt man nach einiger Zeit zum Heiligen Felsen, drei Meter hoch und sieben Meter breit. Die Form des Felsens könnte die Umrisse der umliegenden Berge zeigen. Es ist sozusagen eine Art Kunstwerk, das vielleicht mit Farben überzogen war. Aber auch hier weiß man nichts Näheres.

Einige Meter weiter kommt man zum Kontrollpunkt, um entweder den Huayna Picchu zu besteigen oder zum Tempel des Mondes, die Höhle von Pachamama, am Rücken des Huayna Picchus hinunterzusteigen.

Hanan - die Oberstadt

Bewusstsein der Untrennbarkeit –
Gottfunke unter Sternenzelten ...
Dein Leben ist Geborgenheit,
denn Liebe ist der Geist der Welten ...

Stehen wir wieder am Punkt, an dem wir rechts unten die Unterstadt sehen, nehmen wir nun den Weg links hinauf in die Oberstadt. Die Oberstadt war die Residenz der Götter, der Priester oder der Könige. Wir wissen nicht, wer wirklich hier wohnte, wir können nur an der anderen Bauweise sehen, dass hier die Tempel größer und prachtvoller sind als in der Unterstadt.

Die Oberstadt war die Residenz der Götter, der Priester oder der Könige

Das Erste, was uns auffällt, ist das fließende Wasser, über das wir steigen. Wir sind im Bereich der Bäder, die übereinander am Hang angebracht sind. Von einem Bad fließt das Wasser ab zum nächsten Bad und so fort. Oben ist das größte, das prachtvollste, wahrscheinlich diente es dem König. Die restlichen dreizehn Bäder waren für das Volk gedacht. Dienten sie ausschließlich der Körperhygiene? Wir wissen es nicht. Was wir wissen ist, wie intelligent und aufwändig die Kanäle gebaut wurden, um das Wasser ungefähr einen Kilometer vom Berg in die Stadt zu befördern. Die Baumeister müssen ein sehr hohes Wissen gehabt haben.

Auf der rechten Seite liegt der Palast des Inka, auf der linken Seite können wir das einzige runde Gebäude nicht übersehen: den Sonnentempel. Der Boden scheint direkt in ein steinernes Bett überzugehen. Dieser Megalith auf der Erde ist wohl wesentlich älter als das runde Gebäude, das um ihn herum gebaut zu sein scheint. Eine Tür, die in ein Nichts führt, und zwei Fenster mit einigen Nischen vervollständigen das Gebäude. Hatte es jemals ein Dach oder nicht? Leider war der Sonnentempel für Touristen gesperrt. Deshalb konnte man sich ihn nicht näher anschauen, sondern nur von oben einen Blick darauf werfen. Jedenfalls ist dieser Tempel eines der wichtigsten Gebäude auf Machu Picchu. Nein, nicht der Tempel, sondern die Ausstrahlung des Megalithen.

Direkt unter dem Sonnentempel befindet sich das sogenannte Mausoleum. Ich glaube nicht, dass dieser Schacht dazu diente und Beweise gibt es auch nicht. In einen großen Felsen scheinen Treppen hineingefräst und der schräg darüber liegende Teil des Eingangs sieht ebenfalls wie geschnitten aus. Es ist ein Meisterwerk der Baukunst. Leider auch abgesperrt, wir konnten auf jeden Fall nicht in das Innere dieser kleinen Höhle. Wieder ein Bauwerk, das ganz anders aussieht und in kein Schema passt. Absolut unpassend zu der typischen Bauweise, und doch verbreitet es absolute Harmonie.

Wenn wir diesen Komplex verlassen wollen, müssen wir durch eine Türe hindurch, an der oben ein Steinring angebracht wurde. Weiterhin befinden sich rechts und links jeweils zwei Löcher, die vielleicht als Verankerung für die Hebetüre gedacht war.

Das Sonnentor und die Inka-Brücke

Es führt ein Weg zum Lebensglück,
der leicht zu gehen ist:
Vom Glauben weiche nie zurück,
dass Gottes Kind du bist.

Verlassen wir diesen Komplex und gehen links hinauf in Richtung Süden, kommen wir an einem kleinen Steinbruch vorbei und haben vor uns als großen Wächter den Berg Machu Picchu. Gehen wir links am Wächterhäuschen der Terrassen vorbei, erreichen wir den Punkt, den wir am Anfang schon passiert hatten. Gehen wir jedoch diese Straße hinauf, erreichen wir nach ca. 100 Metern eine Abzweigung, an der es auf den Machu Picchu geht, und erreichen ungefähr eine Stunde später Intipunku, das Sonnentor. Wir befinden uns jetzt auf der bekannten Inkastraße, die sich durch die ganzen Anden zieht. Diese Straße konnte man nur zu Fuß oder mit Vierbeinern begehen, denn Räder nützen hier nichts. Zu uneben und schmal sind an manchen Stellen diese Wege. Den ganzen Weg zum Sonnentor und wieder zurück hat man eine grandiose Sicht auf das Urubambatal. Setzt man sich an das Sonnentor und blickt auf die Ruinen von Machu Picchu, erscheinen sie so weit weg, so unwirklich und klein, dass man glauben könnte, man habe die ganze Zeit geträumt.

Wenn man sich aber zu Fuß zum Machu Picchu aufgemacht hat und über die Inka-Straße, den Inka-Trail, sich Machu Picchu nähert, passiert man das Sonnentor und bekommt dann, wie wir auf unserem Rückweg, einen immer grandioser werdenden Eindruck von der Tempelstadt. Immer größer wird sie, immer majestätischer, immer geheimnisvoller.

Wir erreichen wieder das Wächterhäuschen und gehen noch kurz einen Umweg links hoch zur Inkabrücke. Eine halbe Stunde in etwa muss man einplanen, um eine kleine Holzbrücke über einer extrem tiefen Schlucht zu erreichen. Mittlerweile ist dieser Teil gesperrt, nachdem viele Menschen beim Überqueren den Tod gefunden haben. Schaut man sich diese Brücke an, kann man sich wieder nur über die Bauweise wundern. Man sieht sonst nicht viel, nur die Ausblicke auf der anderen Seite der Ruinen, die einem sonst verborgen bleiben.

Das Herzstück Machu Picchus - Der Hauptplatz

Aus lichten Weiten
Kommst du gereist –
Seit ewigen Zeiten
Als göttlicher Geist ...

Bevor wir wieder das Wächterhäuschen erreichen, passieren wir einen Megalithen, der über drei Stufen zu besteigen ist: der Begräbnisstein. Weil in seiner Nähe einige Überreste von Toten gefunden wurden, wird ihm nachgesagt, dass auf ihm die Toten mumifiziert wurden.

Wir kommen wieder auf die Inkastraße und gehen sie weiter, bis wir ihr Ende und den eigentlichen Haupteingang nach Machu Picchu erreichen. Wieder eine Hebetüre mit gleicher Bauweise wie vorhin. Wir passieren noch einige interessante Megalithe, die man wie magisch davon angezogen mit der Hand berühren muss, und den kleinen Steinbruch, bis wir auf den Hauptplatz kommen. Hier muss man einfach innehalten und die Atmosphäre genießen, die Erhabenheit in sich auf-

Wenn man das Gefühl anstelle des Verstandes walten lässt, kann man diesem Herzstück Machu Picchus eine Menge Geheimnisse entlocken und tief in die Vergangenheit dieses Kraftplatzes schauen

nehmen. Wenn man das Glück hat, dass sich gerade nicht viele Touristengruppen auf dem Hauptplatz befinden, sollte man wirklich innehalten und fühlen. Denn hier begegnen uns Megalithe und eine Bauweise, die wirklich nicht von dieser Welt ist. Wenn man das Gefühl anstelle des Verstandes walten lässt, kann man diesem Herzstück Machu Picchus eine Menge Geheimnisse entlocken und tief in die Vergangenheit dieses Kraftplatzes schauen.

Im Norden befindet sich der Haupttempel. Er ist elf Meter lang und acht Meter breit und besteht aus drei Wänden. An seiner Nordseite steht eine Art Altar. Die Basis, worauf der Tempel gebaut wurde, bilden riesige, vieleckige Megalithe, auf die viele Reihen kleinere, exakt geschnittene Steine gesetzt wurden. Eine Ecke des großen Raumes ist wohl bei einem Erdbeben einige Zentimeter zusammengesackt. Wie die wichtigsten Plätze auf Machu Picchu ist auch dieser Tempel für Touristen gesperrt. In den Seitenwänden und an der Rückwand sind kleine mehreckige Nischen in die Megalithe eingearbeitet, deren Bedeutung nicht bekannt ist. Es wird behauptet, dass dort Stützen für das Dach eingepasst werden konnten. Ich bin mir aber gar nicht sicher, ob dieser Tempel überhaupt ursprünglich ein Dach hatte. Scine eigentliche Bedeutung scheint mir rein technischer Art gewesen zu sein. Vielleicht eine Art Luftschiffhalle für Kleinraumschiffe.

Es ist eine Legende überliefert, in der Ayar-Brüder auftauchen, die mystischen Ahnen der Inka, denen nachgesagt wurde, Machu Picchu gegründet zu haben

Auf der Ostseite des Hauptplatzes steht ein ähnlich großer Raum, der auch nur aus drei Seiten besteht. Man nennt ihn den Tempel der drei Fenster, da zur Seite des kleinen Berges Putucusi und des Urubamba hin drei geöffnete trapezförmige Fenster eingebaut sind, die die größten und erhabensten des alten Peru sein sollen. Sie wurden jedoch durch zwei weitere zugemauerte Fenster ergänzt. In der Mitte steht ein Balken, der, wie in den Mauern rechts und links, Kerben besitzt, die darauf hindeuten, dass auf diesen Querbalken geruht haben mochten. Die Bedeutung ist auch hier unbekannt, allerdings ist eine Legende überliefert, in der Ayar-Brüder auftauchen, die mystischen Ahnen der Inka, denen nachgesagt wird, Machu Picchu gegründet zu haben und durch die Fenster für immer verschwunden zu sein.

Im Westen des Hauptplatzes befindet sich eine halbrunde Mauer und dahinter geht es sehr steil hinunter in das Urubambatal, denn der Fluss fließt fast ganz um dieses Granitmassiv herum, auf dem Machu Picchu gebaut wurde.

Im Süden ist ein weiterer Tempel gebaut worden, wobei der angesichts der Bauweise wohl einige Tausend Jahre später hinzugekommen sein muss. Er ist aber, im Vergleich zu den beiden größeren Tempeln, überhaupt nicht interessant.

Auf dem großen Hauptplatz steht im Südosten eine Art Opfertisch, auf dem wir lagen, als wir die Nacht auf Machu Picchu verbrachten. Von der starken, aufwühlenden Energie her mag es in späteren Inkazeiten ein Opfertisch gewesen sein, während er anfangs möglicherweise eine ganz andere Bedeutung hatte. Es ist wirklich eine Krux. Es gibt so viele unterschiedliche Meinungen und Theorien, die mir alle nicht zusagen, da die globale Logik fehlt. Aber auf jeden Fall ist dieser Platz mit den angrenzenden Tempeln das energetische Zentrum der Stadt.

Intihuatana

Gewaltig wird das Wort ertönen
In jedes Menschen Sinn –
Das Edle wird die Seele krönen
Im ewigen ‚Ich Bin' ...

Geht man vom Hauptplatz links am Haupttempel vorbei, kommt man an einem kleinen Stein vorbei, der genau nach der Nord-Süd-Achse ausgerichtet, das Kreuz des Südens darstellt. Einige Meter weiter geht es rechts in einen Raum hinein, der beachtliche akustische Eigenschaften aufweist. Zudem steht rechts ein Stein, der sage und schreibe 32 Ecken aufweist! Ein Megalith mit 32 Ecken! Warum nur wurde so gebaut? Ich kann nicht umhin, immer wieder aufgrund solcher grandioser Bauweisen den Kopf zu schütteln. Im gleichen Raum gibt es auch einen größeren Stein, der als Eckstein in sich eine abgerundete Kante aufweist. Einfach fantastisch. Ebenfalls beeindruckend ist die konzentrierte Energie in diesem Raum. Hat man Glück und die Führer wollen nicht mit ihren großen Gruppen in diesen kleinen Raum hinein, wo sie ihre Köpfe in die Nischen stecken und die angesprochen guten akustischen Eigenschaften testen, dann sollte man einige Minuten in aller Stille sitzen bleiben und durch die Tür auf den gegenüberliegenden Berg schauen. Dieser Moment wird mit Sicherheit unvergesslich bleiben.

Geht man rechts hinter diesem Raum - ich nenne ihn die Kammer der inneren Sammlung - die Treppen hinauf, erreicht man nach wenigen Schritten einen zweiten Platz, der nach dem Hauptplatz ebenfalls ein zentrale Bedeutung gehabt haben muss. In der Mitte des Platzes steht das Intihuatana, der Stein, an den „die Sonne angebunden wurde". Das Intihuatana wird als Sonnenuhr bezeichnet, da es, wenn man diverse Sonnenstände betrachtet, haargenau ausgerichtet ist und bestimmte Daten für die Landarbeit oder für Feste vorschrieb. Warum allerdings wurde dieser Sockel, der aus dem Boden herauszuwachsen scheint und aus dem dann auch noch ein Dorn herauswächst, so unregelmäßig geschnitten? Warum wurde eine Sonnenuhr so massiv und schwierig erbaut? In der Schule lernte ich, wie Pythagoras mit einem Stöckchen im Wüstensand zu richtigen Berechnungen der Sonnenlaufbahn gekommen ist. Warum wurde solch ein solider Sockel gebaut?

Ich kann mir auch nicht vorstellen, einen so kreativ entworfenen Megalithen für die Landarbeit brauchte. Jemand, der sich mit Anpflanzen und mit den Zeiten und Launen der Natur auskennt, braucht das nicht. Er betrachtet die Natur und sieht so, wann etwas getan werden muss und wann nicht. Diskussionen über Diskussionen über den Sinn des Intihuatanas führten zu keinerlei Ergebnissen. Man weiß einfach nicht, wozu das Intihuatana, von dessen Art es in Peru noch einige andere gibt, benutzt wurde. Allerdings ist es eines der seltenen erhaltenen Intihuatanas, das von den Spaniern nicht entdeckt und von ihnen zerstört werden konnte wie so viele andere.

Das einzige, was man hundertprozentig weiß, ist, dass das Intihuatana der höchste Punkt dieser Stadt in den Wolken ist. Es lohnt sich, dieses Gebilde näher anzuschauen und auch einige Momente länger auf sich wirken zu lassen.

Die Ayar

Wesen aller Welten weben
Am Geschick des großen Seins –
Überall ist dienend' Leben,
Eins im All und All im Eins ...

Machu Picchu. Dieser mysteriöse Ort wurde immer geheimnisvoller. Eine Frage hatte sich für mich mittlerweile beantwortet.

Mir wurde klar, warum sie gebaut wurde. Es war der Kraftpunkt, die besondere Ausstrahlung und Schönheit der Natur. Aber auf die entscheidenden Fragen konnte ich bisher noch keine Antwort bekommen. Wer baute sie und wann?

Vielleicht sollte ich die Spur der Ayar-Brüder verfolgen, die laut der Legende Machu Picchu durch die großen Fenster auf dem Hauptplatz verlassen hatten. Die Ayar-Brüder? Wer waren sie? Ich forschte ein bisschen und stieß auf einen uns schon bekannten Namen: Manco Capac. Immer wieder wurde von dem Ayar Manco Capac gesprochen. Manco Capac als den Gründer der Inka haben wir schon kennen gelernt. Aber was bedeutet 'Ayar'?

In einem früheren Kapitel erfuhren wir, dass der Sonnengott Inti Manco Capac und seine Schwester Mama Ocllo in einer Höhle auf einer Insel im Titicaca-See erschuf. Der Ayar Manco Capac nannte sich als erster der Inka-Herrscher ‚Sohn der Sonne'. Sozusagen ein Verwandter der Sonne? Dies, denke ich, ist auszuschließen. Einer, der von der Sonne kam? Aus der Sonne zu kommen und in Peru sein Inka-Reich zu gründen, ist in meinen Augen ebenfalls utopisch. Aber vielleicht hinkt die Legende? Vielleicht kam er aus dem Himmel? Vielleicht sah es so aus, dass er direkt aus der Richtung der Sonne kam? Aber wieso nannte er sich Sohn der Sonne, wenn er doch in einer Höhle auf der Erde entstanden sein soll?

Aber wieso nannte er sich Sohn der Sonne, wenn er doch in einer Höhle auf der Erde entstanden sein soll?

In einer anderen Legende taucht auf einmal Viracocha auf, Schöpfer und Herrscher über alles Lebende. Er war in frühen Zeiten der Hauptgott der Inka, bevor er von Inti, dem Sonnengott abgelöst wurde. Viracocha soll in menschlicher Gestalt erschienen sein, um sie die Regeln des ethischen Miteinanders zu lehren. Er soll eine weiße Hautfarbe besessen und einen Bart getragen haben. Jetzt taucht sogar vor dem Sonnengott noch ein anderer Gott auf, der, bevor er der untergehenden Sonne entgegenfuhr, versprach, wiederzukehren. Wer war er? Und wer gründete nun das Inkareich?

Fragen über Fragen. Wie Sie sehen, wird alles mysteriöser. Der Ayar, von der Sonne kommend aber auf der Erde entstehend, Inti, der Erschaffer des ersten Inka, ein weißer und bärtiger Gott namens Viracocha, der noch vorher in Peru in menschlicher Gestalt erschienen sein soll?

Eine Vision

Vom Traum erwacht – vom Leben kündet
Des ew'gen Geistes lichte Kraft,
wo alles Sein im Einen gründet
und sich entfaltend Neues schafft ...

An einem wunderschönen Morgen schlenderte ich allein durch die Ruinen, da Monika es sich im Garten des Hotels bequem gemacht hatte. Ich lief verschiedene Treppen hoch und andere hinab, bis ich auf dem Hauptplatz stand. Irgendwie führte mich mein Weg zu den großen Steinen. Ich setzte mich an die Außenseite des rechten Megalithen des Haupttempels und ließ meine Seele zur Ruhe kommen. Was dann geschah, war wie ein Traum, wie eine Vision, als ob ich mit dem Geist der Ahnen der Inka, den Erbauern von Machu Picchu verschmölze.

Ich beobachtete das Leben um mich herum. Eine Gruppe von Menschen stand auf der großen Rasenfläche unter mir und ich merkte, dass sie in den Himmel schauten. Ich wunderte mich, dass auf einmal alles um mich herum still wurde. Ich sah eine

Sonne aus dem Himmel herunterkommen und erkannte erst kurz bevor sie die Erde erreichte, dass es ein Raumschiff war. Es sah ebenso rund aus und war hell erleuchtet, als ob ein glühender Planet auf die Erde stürzt. Aber dieses Raumschiff stürzte nicht, sondern schwebte ganz langsam auf die Erde zu und setzte sich mit ausgefahrenen Beinen direkt auf den Hauptplatz. In dem Haupttempel und im Tempel der drei Fenster standen technische Geräte, die ich nicht zu deuten wusste. Nach einer Weile hob das Raumschiff ab und setzte sich mit einem ausgefahrenen Sockel direkt auf das mit Gold überzogene Intihuatana.

Danach brach das Gesehene einfach ab und ich war wieder im Hier und Jetzt und bemerkte, wie prachtvoll die Sonne mir direkt gegenüber leuchtete. Ich lehnte immer noch am großen Megalithen, war aber mit einer Kraft gespeist worden, die mich verwirrte. Was hatte dieser Traum zu bedeuten?

Tief in meinem Herzen wusste ich die Antwort. Ich war von frühester Kindheit an davon überzeugt, dass es im großen Universum weitere Menschheiten geben muss. In unserer Galaxis gibt es schätzungsweise 100 Milliarden Fixsterne, von denen unsere Sonne kein hervorstechender ist. Und unsere Galaxie, die Milchstraße, ist nur eine von vielleicht wieder 100 Milliarden oder Billionen Galaxien im Universum. Und wenn wir die technischen - insbesondere aber auch die moralischen - Voraussetzungen erfüllten, würden wir womöglich entdecken, dass es sogar mehrere Universen gibt. Das sind Zahlen, die ich früher nie fassen konnte und auch heute noch nicht. Wir Menschen können nicht die einzigen intelligenten Menschen im Universum sein. Schließlich ist das nicht gerade intelligent, was wir in den letzten hundert Jahren mit der Natur, den Tieren, Pflanzen und der Erde angerichtet haben.

Der Schleier lüftet sich

Aus ew'gen Weiten bricht es auf,
besiegt die finstern Matten –
Das große Licht nimmt seinen Lauf,
zerstrahlt die flieh'nden Schatten ...

Sie erinnern sich noch an die Tatsache, dass im Kleinen das Große und das Große im Kleinen zu finden ist? Genauso verhält es sich mit den Billiarden von Planeten. Millionen anderer Planeten sind bewohnt, ohne dass wir davon wissen. Eine Ameise, die bei mir zu Hause in Schötmar im Garten herumrennt, ist sich auch nicht bewusst, dass es im Regenwald von Brasilien noch andere Ameisen gibt. Die sind vielleicht nur ein bisschen größer, aber es sind dennoch Ameisen. Aber diese Ameise in meinem Garten wäre nicht so vermessen, dies kategorisch abzulehnen. Denn sie ist sich ihrer Intelligenz bewusst. Sie tut das in ihrem Leben Wichtige. Sie arbeitet im Dienst ihrer großen Familie.

Die meisten unserer Zeitgenossen aber sind vermessen. Oder sagen wir, die meisten der bekannten, einflussreichsten Zeitgenossen in Wissenschaft, Politik und Kirche. Sie urteilen über einen grenzenlosen Raum, den kein menschlicher Geist erfassen kann und bilden eine öffentliche Meinung, die auch kein logisch denkender Geist verstehen kann. Waren diese Zeitgenossen schon einmal in einer benachbarten Galaxis und haben sich den 98 Milliardensten Planeten neben der Fünfmillionsten Sonne angesehen? Haben sie dort einmal den Boden der Erde berührt, an einer Blume gerochen oder mit einem anderen Lebewesen kommuniziert, das dort seinem Weg des Schicksals folgt?

Dieses rückständige Bewusstsein, das uns seit der Kindheit verfolgt, wird von dem Scheuklappendenken bestimmt, das uns aufgrund der engherzigen und eingeschränkten Sichtweise der Dreieinigkeit „Wissenschaft, Politik und Kirche“ vorgesetzt wird. Wie viele Menschen haben in ihrem Leben schon Erfahrungen gemacht, die nicht mit der öffentlichen Meinung einhergehen? Jeder kennt solche Erlebnisse: seien es wundervolle Rettungstaten, das Auftauchen verstorbener Freunde oder Familienmitglieder, das Sichten von Flugobjekten, die definitiv kein Flugzeug, kein Komet, kein Satellit, kein Wetterballon waren oder sonst etwas?

Und an diesem Megalithen verschwand der Nebel um mich herum. Der Schleier der Ungewissheit lüftete sich

Auch auf Machu Picchu trafen wir mehrfach Menschen, die von solchen Ereignissen sprachen und die fast uneingeschränkt davon überzeugt sind, dass Menschen von anderen Sternen die Erde besuchen. An diesem Megalithen verschwand der Nebel um mich herum. Der Schleier der Ungewissheit lüftete sich. Bisher hatte ich es für möglich gehalten, dass wir Besuch von anderen Menschheiten hatten. Jetzt war ich sicher, dass es so war und weiterhin so ist.

Danke, Erich von Däniken!

Ich verströme, was ich bin,
will nur selbst mich geben ...
Freude – meines Schöpfers Sinn,
ist mein duftend' Leben ...

Wer waren nun die Ayar, Inti und Viracocha? Wer war Manco Capac? Es gibt nur eine Erklärung: Es müssen Götter gewesen sein, die in Urzeiten mit Ihren Raumschiffen, die so aussahen wie die Sonne, auf die Erde, in diesem Fall nach Peru gekommen sind und den Auftrag hatten, eine Kultur aufzubauen. Ähnliches geschah in Ägypten, wo sich auch die Herrscher Söhne der Sonne nannten, und im heutigen Indien, in China, in Mexiko, oder,

oder, oder. Die Archive sind voll mit Aufzeichnungen, die beweisen, dass wir schon immer Göttern, von Menschheiten anderer Planeten, besucht worden sind. Aber es geht mir nicht um Beweise, denn bisher brachten sie nichts, und sie werden auch weiterhin nichts bringen, da wir Menschen die Eigenschaft besitzen, nur das zu glauben, was in unser Weltbild passt.

Mir geht es darum, meinen irdischen Auftrag zu erfüllen, den ich mit auf diese Erde gebracht habe. Einen klitzekleinen Teil beizutragen, der zur - im wahrsten Sinne des Wortes - Aufklärung des undurchdringlichen Nebels dient. Nicht um Beweise geht es mir, sondern um die Möglichkeit, dass andere Auffassungen als die gesellschaftliche auch ihre Berechtigung haben. Denn durch wirklich vorurteilsfreies Philosophieren wird man meiner Meinung nach näher zur Lösung von Problemen kommen, als durch mathematische Formeln. Nicht mal die Rechnung 1+1=2 ist bewiesen. Denn, wenn ein Ehepaar miteinander schläft und neun Monate später ist ein Kind zur Welt gekommen, dann ist 1+1=3. Sind es Zwillinge geworden, dann ist 1+1=4.

Nicht mal die Rechnung 1+1=2 ist bewiesen. Denn, wenn ein Ehepaar miteinander schläft und neun Monate später ist ein Kind zur Welt gekommen, dann ist 1+1=3. Sind es Zwillinge geworden, dann ist 1+1=4

Ein Pionier der vielen Möglichkeiten bezüglich unserer irdischen Abstammung ist der Schweizer Erich von Däniken. Er war einer der ersten, der absolut solide, ohne Fanatismus und Fantasterei die Möglichkeit aufgezeigt hat, dass wir seit Jahrtausenden von Göttern besucht werden. Er tat dies auf eine ganz einfache Art: Er hat die Plätze mit interessanten, nicht erklärbaren Gebilden aufgesucht und hat nur gefragt, was dies für einen Zweck gehabt haben könnte? Ganz einfach. Und was bekam er dafür als Geschenk von der Wissenschaft? Spott ohne Ende. Aber Spott beweist, dass dahinter eine große Wahrheit liegen muss, denn sonst würde sich niemand des Spottes bedienen, um die bisherigen Meinungen zu verteidigen.

Auch auf Machu Picchu war der Name Erich von Däniken bekannt. Menschen aus Mexiko, aus Chile, aus Amerika, aus Schottland, von überall her kamen die Menschen, die wir trafen, und alle, mit denen wir gesprochen haben, waren der gleichen Auffassung und haben seine Bücher gelesen. Sie ließen sich von seiner soliden Art und seiner Logik überzeugen. Danke, Erich von Däniken!

Wann wurde Machu Picchu gebaut?

Wenn alles Leben dieser Erde
Frohlockend in die Höhe strebt,
wenn aus dem dunklen ‚Stirb' und ‚Werde'
im Kuss des Himmels sich erhebt,

dann ist dem Blühen der Gefilde
die Seele festlich aufgetan –
Der Frühling bricht durch Himmels Milde
In uns geheimnisvolle Bahn ...

Es ist immer noch der gleiche wunderschöne Morgen. Ich sitze an ‚meinem' Megalithen, und die Zeit scheint stillzustehen. Gerade habe ich visionär eine Götterlandung erlebt und lasse nun meine Augen über den Tempel der drei Fenster gleiten. Vielmehr über seine linke Außenwand. Ich schaue mir seine Bauweise an. Wer hat diese Tempel hier nun wirklich gebaut?

Mir fiel auf, dass ganz unten riesige verwinkelte Megalithe standen, darüber waren genauso exakt geschnittene Steine, aber wesentlich kleiner und ganz oben befanden sich Steine, die typisch für die Inka-Bauweise sind. Es sah so aus, dass das alte Fundament von den Inka weiterbenutzt wurde. Aber das eigentliche Fundament sah älter, viel älter aus. Warum hatten aber so intelligente Baumeister, wie diejenigen dieser Megalithen, nicht kleinere Steine genommen, die vielleicht noch in ihrer Größe und ihrer Form den anderen glichen?

Gut, haben sie nicht. Dass sie sich aber etwas dabei gedacht haben, davon gehe ich bei solch grandiosen Bauwerken aus. Ich halte es aber für abwegig anzunehmen, dass Hundertschaften Steine wie einen 360 Tonnen schweren und 8,5 Meter hohen Stein in Sacsayhuaman transportieren konnten. Schon gar nicht über mehrere Kilometer mit einer Steigung von vielen Prozent. Und das auch noch in relativ kurzer Zeit. Ach ja, und dass die Erbauer sie dann auch noch so exakt in die Bauten eingefügt haben, dass keine Rasierklinge zwischen die Megalithen passt. Die Erbauer müssen sie eine Technik beherrscht haben, die uns noch nicht oder nicht mehr zugänglich ist.

Die Wissenschaft hat viele Antworten parat. Doch leider forschen sie nur nach handwerklichen Techniken. Erklärungen wie, die riesigen Megalithe mit Seilen zu ziehen oder sie auf Schlitten über Baumstämme zu rollen, um sie an ihre Plätze zu bringen, erscheinen bei Steigungen von 40 % und mehr ausgeschlossen. In Ollantaytambo zum Beispiel wiegt der schwerste der Steine ungefähr 52 Tonnen, und der Steinbruch ist Luftlinie 3,5 Kilometer entfernt. Dazwischen liegen ein Fluss im mehrere hundert Meter tiefer liegenden Tal und über sechs Kilometer Weg mit der obengenannten Steigung. Dies macht die Unmöglichkeit des Unterfangens deutlich. Es kann nur scheitern.

Das exakte Schneiden der riesigen Megalithe wird als Spalten der Steine erklärt. Erst sollen ein kleiner Ritz in den Stein gehauen, dann ein Holzkeil hineingeschlagen und kleine Steinstücke in den sich vergrößernden Schlitz gesteckt worden sein. Der Holzkeil soll mit Wasser getränkt und dann soll abgewartet worden sein, wie das sich ausdehnende Holz für einen immer größer werdenden Spalt im Stein sorgt. Auch diese Methode gibt sich der Lächerlichkeit preis.

Telepathie und die Kraft der Gedanken

Wer kann ermessen der Welten Kreise
Im unbegrenzten Schöpfungsraum?
Selbst der Gedanken kühnste Reise
bleibt nur ein unerfüllter Traum ...

Keine der Techniken erklärt die Bauweise dieser zeitlosen Monumente. Sie sind zwar kreativ und erzielten bei kleineren Forschungen noch kleinere Ergebnissc, aber keine kann wirklich überzeugen. Eine ganz wichtige Wissenschaft haben wir Menschen total vernachlässigt: Die Magie ist die Krone aller Wissenschaften. Der Schwerpunkt dieser Wissenschaft liegt auf der Beherrschung des menschlichen Geistes. Und die Fähigkeit der Beherrschung des menschlichen Geistes führt zu Kräften, mit deren Hilfe man sogar die Schwerkraft aufheben könnte.

> *Aber eine ganz wichtige Wissenschaft haben wir Menschen total vernachlässigt: Die Magie*

Es geht zum Beispiel über den Weg der Gesänge. Mit Gesängen können Töne und Schwingungen freigesetzt werden, die zur Aufhebung der Schwerkraft führen. Eine weitere Möglichkeit ist Konzentration und Gedankenkraft. Mit dem auf einen Punkt gerichteten Willen werden Energien freigesetzt, die ebenfalls die Schwerkraft aufheben können. Wie kurz nur wir in Gedanken bei einer Sache bleiben können ohne abzuschweifen zeigt, wie schwierig das für uns ist. Wenn Sie es einige Sekunden schaffen, sind sie schon gut. Probieren Sie es aus.

Leider ist die öffentliche Meinung zu dem Thema Magie nicht gut, weil wir nicht genau wissen, was das eigentlich bedeutet. Alles, was zudem mit Telepathie, Magie oder Esoterik zu tun hat, wird in die von der Kirche vorbereitete Schublade „alles satanisch" gesteckt. Ohne dass wir wirklich wissen, was Telepathie, Magie oder Esoterik bedeuten.

Kennen Sie Ihren Geist? Haben Sie schon einmal fast Unglaubliches mit ihm erlebt? Dass Sie zum Beispiel sich wünschten, dass ein Bekannter anruft, der das dann auch einige Momente später tat? Oder dass Sie einer Freundin schrieben (heute heißt es ja simsen und mailen), mit der Sie lange keinen Kontakt hatten, die Ihnen dann mitteilt, dass sie ebenfalls in den letzten Tagen oft an Sie gedacht hatte? Das ist Gedankenkraft. Der Wunsch ist so deutlich und klar, dass die Energie der Gedanken, die Kraft des eigenen Willens, den anderen Menschen erreicht. Man nennt dies auch Telepathie. Aber das ist aus der Sicht der Kirche satanisch.

Magie hat nichts mit Voodoozauber oder okkulten Messen auf dem Friedhof zu tun. So etwas ist überhaupt nicht vergleichbar mit der eigentlichen Magie, deren Ziel die ethische Weiterentwicklung des Einzelnen und der Gemeinschaft ist. Wahre Magie ist Liebe. Die Liebe zu allen Lebewesen. Und, eine ethische Reife zu besitzen, mit dem Wissen, dass man keinem Lebewesen Schaden zufügen darf. Ethische Reife ist zu wissen, dass man zum Mörder wird, allein schon dadurch, dass man bewusst Mordgedanken gegenüber einem Menschen hegt, auch wenn man weiß, dass man eine solche Tat niemals ausüben wird. Und ethische Reife bedeutet auch keinen Krieg zu führen, nicht gegen andere zu kämpfen.

Immer wieder Fragen

Oh schwing dich ein in die All-Harmonie,
in die Wogen des glücklichen Seins ...
Du bist der Ton der All-Symphonie –
In Gott ist alles eins ...

Nun sind wir an einem Kernpunkt. Man weiß nicht viel über die Inka, aber doch so viel, dass sie ein Kriegervolk waren. Schon mit 15 Jahren mussten sich die Jungen an der Waffe beweisen. Und wenn man ein Kriegervolk ist, einer Kultur angehört, die bewusst die göttliche Schöpfung zerstört, dann zerstört man jegliche magischen Fähigkeiten in sich. Dann hat man keine Möglichkeit, magische Fähigkeiten unter der Anleitung von Priestern in sich selbst aufzubauen. Denn die Aufgabe der Priester war schon immer gewesen, ihr Volk in die universellen Gesetze der Liebe und Wahrheit einzuweihen. In einem Kriegervolk hatten aber mit Sicherheit auch die Priester ihre magischen Kräfte verloren, denn sie hätten niemals irgendeine Art von Krieg unterstützt.

Das ist einfach und logisch. Und dies erklärt, warum die Inka nicht die Erbauer von Sacsayhuaman, von den Haupttempeln auf Machu Picchu und Ollantaytambo sind. Denn, um diese Bauwerke zu errichten, muss man magische Fähigkeiten besitzen. Und man muss eine fortgeschrittene ethische Reife haben. Dies hatten die Inka, die wir wissen, im letzten Jahrtausend nicht.

Am Tempel der drei Fenster erkennt man das unterschiedliche Alter der Bauweisen. Ganz unten groß und absolut perfekt und ganz oben klein und mit vielen Lücken. Diese oberen Steine wurden ganz grob behauen, damit sie irgendwie passten. Das ist typisch Inka. Wie die vielen Terrassen überall. Kleine, grobe Steine mit Sand dazwischen, damit es hält. Und es hält wirklich. Aber ohne die erhabene harmonische Ausstrahlung, die die Prä-Inkabauten aufweisen. Eben genau vergleichbar mit den unterschiedlichen Reifegraden der Erbauer. Groß, erhaben, glatt, harmonisch. Die Bauweise der friedlichen Menschen vom anderen Stern. Klein, kantig, grob, unharmonisch, die Bauweise des Kriegervolkes der Inka. Deshalb glaube ich, dass die sogenannte typische Bauweise der Inka gar nicht von ihnen ist, sondern von den Ahnen der Inka stammt, die lange vorher hier gelebt haben. Wie mit den Bauten in Cusco, wo die Inka auf die großen Fundamente ihrer Ahnen ihre Gebäude setzten, so ist es mit dem geschichtlichen Ablauf. Zuerst existierten die Götter, die Ahnen. Später erst das Kriegervolk der Inka.

> *Zuerst existierten die Götter, die Ahnen. Dann später erst das Kriegervolk der Inka*

Auf die Frage, wer die Megalithe fertigte, haben wir eine Antwort erhalten. Es waren die Götter. Aber wann war das? Zusätzliche Fragen tauchen auf.
Warum überhaupt kamen die Götter auf die Erde?
Warum waren die Götter weiter entwickelt als die Völker auf der Erde und was ist aus ihnen geworden?
Wann wurde das Volk der Inka wirklich gegründet?

Schneller als das Licht

Weltraumwanderfahrt der Seele –
Fühl' im Herzen deine Sendung:
Mit dem Höchsten dich vermähle,
aus Erlösung wird Vollendung.

Wie wir gesehen haben, müssen die Menschheiten von anderen Planeten eine ethische
Reife gehabt haben, die ihnen erlaubte, ihren innewohnenden Willen zu solchen Höchstleistungen zu gebrauchen, um Megalithen mit bis zu 360 Tonnen so hinzustellen, wie sie stehen. Gleichzeitig heißt dieses, dass Menschheiten, die unseren Planeten besuchen, die Fähigkeit besitzen müssen, viel schneller als das Licht zu reisen.

Denn um Distanzen von zum Beispiel 10.000 Milliarden Kilometern zurückzulegen, braucht das Licht ein Jahr. Der nächstgelegene Stern Proxima Centauri ist 4,22 Lichtjahre entfernt. Das Licht von diesem Stern braucht also 4,22 Jahre, um die Erde zu erreichen.

Da diese Sternenmenschen der höheren Magie mächtig sind, können sie sich also auch ohne weiteres kraft ihres Willens in eine höhere Dimension versetzen, die nicht mehr an die Materie gebunden ist. Je höher die Energie, desto schneller schwingt das ihr innewohnende Licht. Also müssen sie sich nur in eine höhere Schwingung, in eine höhere Geschwindigkeit versetzen, dann können sie je nach Energieform jeden Planeten, sei er auch noch soweit entfernt, ansteuern. Haben sie dann die Atmosphäre des Zielplaneten erreicht, müssen sie sich wieder kraft ihres Willens auf diese Energieebene ‚herabschwingen' und können langsam und für diese Bewohner sichtbar landen. Ganz einfach.

Um auf die Erde kommen zu können, mussten sie sich sehr weit herabschwingen, denn die Schwingung der irdischen Materie, ist wohl mit die Langsameste, die im Universum existiert. Und wenn etwas schneller als die uns bekannte Materie schwingt, dann ist es unsichtbar für uns Erdenbewohner, das heißt aber nicht, dass es dieses, was schneller schwingt, nicht gibt. Nun kann man sich vorstellen, was für ungeahnte Möglichkeiten bestehen für weiter entwickelte Menschheiten als wir es sind.

Nun gibt es aber ein Problem. Wesen, die schneller schwingen als wir Menschen, sind für uns unsichtbar. Sie können uns allerdings weiterhin sehen. Leider ist aber auf einer Entwicklungsstufe, wie unserer die Eigenschaft weit verbreitet, abzustreiten, was man nicht sieht und was man nicht versteht. Zusätzlich wird dann das Überlegene mit Spott überschüttet und in den Dreck gezogen.

Eine noch ältere Vision

Vollendung, Ziel des Schöpfers Plan –
Unbegrenzte Fernen
Künden Seines Geistes Bahn
Über allen Sternen ...

Ich stand von meinem Lieblingsplatz am Megalithen auf und wanderte umher. Ich schaute die Steine am Hauptplatz an, fuhr mit meiner Hand immer wieder über die Megalithen, die mir zugänglich und nicht abgesperrt waren. Eine Frage tauchte in meinem Kopf auf. Wann ging das Wissen um die Magie verloren? Wann war es, als dieses Wissen um die Gesetze der Schöpfung und in diesem Falle um die Aufhebung der Schwerkraft noch Allgemeinwissen war? Die Antwort darauf könnte ein Schlüssel sein.

Schauen wir uns die uns bekannte Geschichte der Erde einmal an. Die älteste von den Historikern akzeptierte Hochkultur ist die Sumerische, die in Mesopotamien ansässig war. Das war ungefähr 3000 Jahre vor unserer Zeitrechnung, also ungefähr vor 5000 Jahren. Da es nachgewiesen wurde, dass zu der damaligen Zeit Steinwerkzeuge in Gebrauch waren und die Menschen gerade erst begannen, ihre Häuser auf feste Fundamente zu bauen, können wir getrost ausschließen, dass diese Menschen damals riesige Megalithen und ganze aus Megalithen gebaute Tempel so exakt errichten konnten.

Auch die ägyptische Hochkultur, die kurz nach der sumerischen gegründet wurde, kann nicht für die monumentalen Gebäude wie die großen Pyramiden von Gizeh als Erbauerin in Betracht gezogen werden. Denn alles, was in Kammern und Gräbern gefunden wurde, war letztendlich sehr primitiv im Gegensatz zu den monumentalen, bis ins letzte durchdachten Pyramiden. Daraus folgt ganz deutlich: Diese Völker damals konnten die Schwerkraft nicht aufheben. Daraus folgt ferner, dass das Wissen um die hohe Magie irgendwann auf die Erde kam und schon im Jahre 5000 vor Christus wieder vergessen war.

Das heißt, dass auch die Gegend in Peru mindestens vor über 5000 Jahren besiedelt wurde. Alles was über die frühen Hochkulturen bekannt ist, ob es die Sumerer sind, ob es die Ägypter, die Maya oder die Inka sind, alle beziehen sich auf ihre Ahnen und auf Götter, die lange vor ihrer Zeit die Kultur in ihr Land brachten. Die Götter waren nun weg und ließen die Menschen auf der Erde zurück. Wie verschwanden aber die Hochkulturen so schnell von der Erde, wie sie gekommen waren? Sie Sumerer und die Maya tauchen auf einmal in unserer frühen Geschichte auf mit einer vollendeten Schrift.

Alle früheren Hochkulturen beziehen sich auf ihre Ahnen und auf Götter, die lange vor ihrer Zeit die Kultur in ihr Land brachten

Eine Schrift ist immer ein Zeichen für eine hohe Kultur. Aber woher kam die Schrift? Woher kam das hohe Wissen?

Die unterschiedlichsten Gedanken tauchten in meinem Bewusstsein auf, bis ich mich an ein Erlebnis, eine Vision, in Ägypten erinnerte, als ich zusammen mit meinen Freunden im Morgengrauen auf einem Plateau saß und die Pyramiden bei leichtem Nebel betrachtete und die Atmosphäre eines Sonnenaufganges genoss. Auf einmal war ich in einer anderen Zeit, wie vorhin ebenfalls kurz hier oben auf Machu Picchu. Ich saß auf dem Plateau und alles um mich herum wurde grün. Ich sah, wie Menschen überall um dieses Gebiet herumstanden und in die Richtung der aufgehenden Sonne schauten. Ich sah die Sphinx, die in die gleiche Richtung schaute und ich bemerkte, dass die Menschen sich sehr ruhig verhielten. Es war ein großes Gebet, ich wusste, dass sie sich für diesen neuen Tag bedankten und ich wusste, dass sie sich ebenfalls dafür bedankten, hier auf der Erde ihre Entwicklung weitergehen zu dürfen. Danach verschwand das Bild wieder. Hier oben auf Machu Picchu, auf einem ganz anderen Kontinent und in einer anderen Kultur, erinnerte ich mich an diese Vision.

Wo war die Gemeinsamkeit? Warum dankten sie dafür, sich auf der Erde weiterentwickeln zu dürfen? Ich setzte mich wieder an den Megalithen, da der Hauptplatz sich gerade wieder füllte. Aber an dem Megalithen, wo ich mich wie zu Hause fühlte, gingen die Menschenmassen einfach vorbei. Ich hatte meine Ruhe. Nach einer Weile platzte der Knoten in meinem Kopf und ein Puzzleteilchen nach dem anderen fügte sich in mir zu einem ganzen Bild zusammen. Auf einmal beantworteten sich sämtliche Fragen. Hier nun kommt die Geschichte.

Die Besiedelungsgeschichte der Erde

Unfassbar ist Seine Güte,
die im kleinsten Wesen klingt –
Jeder Stein und jede Blüte
Freudig Ihn zum Ausdruck bringt ...

Drum begreif' auch dich als ewig,
-göttlich' Wesen Widerhall -
Dienend schwingst du, geisterselig,
unbegrenzt im Weltenall.

Es war einmal vor ungefähr 15.000 Jahren, dass eine Gruppe von Menschen eines anderen Sterns die Erde erreichte, da sie sich auf der Suche nach einem Planeten befand. Sie wollten einen Ort finden, um dort Menschen ihres Heimatplaneten auszusiedeln, die in ihrer Entwicklung nachhinkten und in der Ferne mit anderen und teilweise schwierigeren Umständen wieder die Ethik erreichen konnten, die auf ihrem Heimatplaneten herrschte.

Aber bevor dieses Volk auf die Erde ausgesiedelt wurde, mussten erst einmal die klimatischen und geographischen Verhältnisse erforscht werden. Der Planet Erde war der Gruppe durch ihre vielen Grünflächen und das viele Wasser aufgefallen, da ähnliche Voraussetzungen auf ihrem Heimatplaneten vorhanden sind.

Diese Gruppe erreichte nun die Erde, untersuchte sie mit den Apparaten an Bord ihres Raumschiffes und sah, dass es auf der Erde sehr primitive Menschen gab. Deshalb musste ein Ort auf der Erde gefunden werden, an dem sichergestellt war, dass die ausgesiedelten Menschen des anderen Sterns nicht sehr schnell mit den einheimischen Menschen in Kontakt kommen und sich dadurch vermischen konnten. Die einheimischen Menschen waren auf einer viel tieferen Entwicklungsstufe und hatten außer dem Jagen und Sammeln keine anderen Herausforderungen zu bewältigen.

Die auszusiedelnden Menschen allerdings hatten schon ein sehr hohes Gottesverständnis und sollten sich auf einem anderen Planeten mit geistigen Konzentrationsübungen einen so klaren Willen antrainieren, dass sie wieder lernten, die kosmische Kraft in schöpferische Formen umzuwandeln. Sie mussten von geeigneten Lehrern ihres Heimatplaneten in der hohen Magie unterrichtet werden.

Nachdem beschlossen worden war, dass die Erde als Läuterungsplanet für Ihr Volk geeignet sei, musste aber erst einmal eine persönliche Überprüfung der klimatischen Verhältnisse stattfinden. Es musste ein Gebiet gefunden werden, dass alle heimatlichen und deshalb bekannten Voraussetzungen aufweist und das relativ sicher ist. Kein Vulkan durfte in der Gegend sein, keine Überschwemmungen und keine Erdbeben durften die Weiterentwicklung ihrer Schützlinge stören. Anschließend, nachdem ein Ort gefunden war, mussten die Schulungsstätten aufgebaut werden, damit die Schützlinge sich wie zu Hause fühlen und sich ganz ihrer geistigen Weiterentwicklung widmen konnten.

Die Besiedelung umfasste mehrere Jahre, denn es gab einige Phasen, die sehr viel Zeit benötigten. Phase eins war, einen geeigneten Planeten zu finden. Phase zwei umfasste das Auskundschaften und Überprüfen der natürlichen Gegebenheiten dieses Planeten. Phase drei umfasste das Errichten der Schulungsstätten und Phase vier soll die sogenannte Aussiedelung auf den anderen Planeten sein.

Nachdem die Erde sich als sehr geeigneter Planet für die ethische Weiterentwicklung erwiesen hatte, wurden weitere Menschheiten von anderen Planeten auf der Erde angesiedelt

Nachdem der erste Versuch gute Ergebnisse gebrachte und die Erde sich als sehr geeigneter Planet für die ethische Weiterentwicklung erwiesen hatte, wurden weitere Menschheiten von anderen Planeten auf der Erde angesiedelt. Weitere Orte wurden gefunden, ohne dass die Völker voneinander wussten. Denn ihnen ging es um ihre Weiterentwicklung und nicht um die Welt auszukundschaften. Bis nach einiger Zeit die irdischen Menschen und die vielen kleinen Gruppen der Götter nebeneinander lebten, ohne voneinander zu wissen.

Die Lehrer der ausgesiedelten Gruppen auf der Erde hielten mit den Lehrern in den Raumschiffen Kontakt, um sich mit ihnen regelmäßig oder spontan über die Gegebenheiten auszutauschen. Die einzelnen Völker waren immer unter Beobachtung und es lief alles wie geplant. Doch die verantwortlichen Lehrer von den anderen Planeten wussten, dass es eines Tages dazu kommen würde, dass die irdischen Menschen, die überall auf der Erde Jäger und Nomaden waren, auf die Gruppen der ausgesiedelten Völker träfen. Dann stellte sich nur eine Frage: Setzt sich die Triebhaftigkeit der Erdenmenschen gegen die Kraft des Geistes durch oder andersherum? Wie wir wissen, siegte die Triebhaftigkeit. Dadurch vermischten sich die Völker, die Kenntnis der hohen Magie verschwand ganz langsam, die Nomaden wurden sesshaft.

Die meisten der geistigen Lehrer verließen schließlich die Erde, da ihre Aufgabe hier beendet war. Wenige allerdings blieben auf der Erde und ließen sich in die Triebhaftigkeit der Erdenmenschen fallen. Daraus gingen die sogenannten Halbgötter hervor, von denen der bekannteste Gilgamesch war, über dessen Leben ein ganz bekanntes Epos geschrieben wurde. Dies war dann schon zu der Zeit der Sumerer, ab ungefähr dem Jahr 3000 vor Christus.

Der Kreis schließt sich

Nun ist der ird'sche Weg vollendet –
Die Fessel bricht – die Seele wendet
Sich höh'rer Lebensstufe zu ...

Was Tat einst war, ist Ernte jetzt –
Aus Läuterung Erkenntnis wächst
Und Liebe führt zum heil'gen Du ...

Hier schließt sich der Kreis. Zu dieser Zeit war das Wissen um die hohe Magie erloschen, allerdings erinnerten sich die Menschen noch an die Götter, die einst auf der Erde gewesen waren.

Die Lehrer der außerirdischen Völker waren nun so in das Schicksal der Erde verwoben, dass sie sich weiterhin um die Entwicklung der Menschheiten auf der Erde kümmern mussten. Und so kam es, dass sich in regelmäßigen Abständen die Götter bei den Kontaktpersonen der Menschheiten in den unterschiedlichen Gebieten auf der Erde meldeten. Sie blieben nur so lange, wie es nötig war, um einige, die die ethische Reife besaßen, persönlich anzuleiten und ihnen Missionen zu übergeben, die positiv auf die Gesamtentwicklung der Menschheit einwirken sollten.

Solche Menschen waren die uns heute unter dem Namen ‚Prophet' bekannten reiferen Menschen. Ich bin fest davon überzeugt, dass Paulus z.B. bei seiner Erleuchtung ein Raumschiff sah und von den Insassen belehrt wurde. Und ebenso war der Wal, in dessen Leib sich der Prophet Jona eine Zeit lang befand, ein Raumschiff, das ihn rettete und er im Inneren von den Sternenmenschen über seine Mission aufgeklärt wurde. Diese Geschichte erinnert an eine Legende des Ayar Manco Capac, der im Innern eines Kürbis geboren worden sein soll und dann herausstieg, um den Stamm der Inka zu gründen. Weitere Legenden, beispielsweise von den Osterinseln, besagen, dass die Menschenrassen aus verschieden aussehenden Eiern geschlüpft seien. Die einen Eier waren golden, andere mehr silbrig. Aber immer waren es Eier. Auch der Kürbis und die Eier sind in meinen Augen Raumschiffe, Raumkapseln, die eine mehr oder weniger kugelige Form hatten. Aber wie sollten diese Raumschiffe anders beschrieben werden als mit Worten, die in täglichen Leben und im begrenzten Wortschatz der Menschen vorkamen? Wie unter anderem auch die Sonne oft für die Landung eines Raumschiffes als Namenspatronin herhalten musste. Dies sieht man an folgenden Zeichnungen.

Alle diese Zeichnungen sind Sonnensymbole aus den verschiedensten Kulturen. Alle sollen angeblich den hellsten Himmelskörper unseres Firmaments darstellen. Aber ich frage mich, warum wurde die Sonne als Spirale gezeichnet, mit Flügeln, mit diversen Kreisen und Punkten? Ist dies nur eine individuelle künstlerische Auslegung der Sonne oder steckt noch mehr dahinter?

Warum wurde die Sonne als Spirale gezeichnet, mit Flügeln, mit diversen Kreisen und Punkten?

Die australischen Ureinwohner, die Aborigines, haben in ihrer Malerei diverse Stilrichtungen, von denen eine für uns sehr interessant sein dürfte. Und zwar werden sehr oft Landschaften aus der Luft in Form von Punkten und Kreisen und Schlangenlinien dargestellt. Es werden unter anderem Wasserlöcher, Ritualplätze und Höhlen in den angestammten Gebieten der jeweiligen Clans gezeigt, immer von oben, so als ob man die Gegend aus dem Flugzeug sähe. Wenn wir diese Art der Darstellung einmal umdrehen und uns wieder den Sonnensymbolen zuwenden, könnte es doch auch sein, dass Künstler oder Augenzeugen die herabschwebenden Raumschiffe zu Papier oder ‚zu Stein' gebracht haben? Das eine Raumschiff hatte vielleicht unten vier Lichter, das andere nur drei, wieder ein anderes vielleicht zwölf? Das eine hinterließ eine Spur in der Luft wie eine Spirale, das andere vibrierte möglicherweise und sah dann aus wie eine Blume?
Hier nun ein typisches Zeichen aus Cusco. Es soll die Dreiheit Unterwelt, irdische Welt und Himmelswelt symbolisieren.

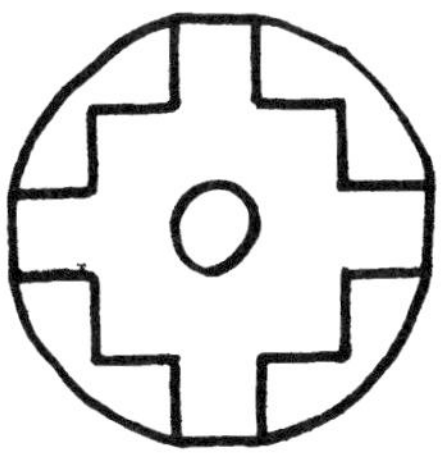

Könnte dieses Zeichen aber nicht auch ein Raumschiff sein, das gerade aus der Froschperspektive beim Landeanflug oder beim Abflug beobachtet wird? Wie sollten Menschen, die ihre Vorfahren von anderen Sternen schon längst aus dem Bewusstsein gestrichen hatten, die Landung eines kurz zurückkehrenden Gottes sonst aufzeichnen?

Fassen wir noch einmal kurz zusammen. Eine mögliche Raumschifflandung konnte bildlich am einfachsten als sogenannte ‚Sonne' mit diversen Mustern dargestellt werden, eben so wie dieses Flugobjekt von unten aussah, oder aber in Worten anhand von Dingen, die die Menschen aus ihrem Leben kannten, wie zum Beispiel Eier oder Kürbisse.

Eine weitere Möglichkeit gäbe es noch, die Landung von Raumschiffen zu beschreiben. Und zwar die Geräusche und Töne, die es dabei macht. Allerdings konnten diese Laute nicht aufgezeichnet, sondern nur über Gesänge von Generation zu Generation weitergegeben werden. Die Gesänge der Urahnen der Inka sind aber leider schon längst aus der peruanischen Kultur verschwunden.

Vielleicht ist das heilige ‚Om' der Tibeter der Ton, der bei der Landung eines Raumschiffes im Himalaya ertönte? Vielleicht hat sich daraus erst diese heilige Silbe ergeben? Eventuell schließen sich hier sogar mehrere Kreise.

Die Besiedelungsgeschichte von Machu Picchu

Im Morgenkreis der Strahlenglut
Zerreißt der Nebelschleier –
Und mächtig wirkt der Wahrheit Gut
Im reinigenden Feuer ...

Nachdem die unterschiedlichen Aspekte dieses Ganze geformt hatten, ging ich zurück ins Hotel und legte mich in den Garten. Ich muss sofort eingeschlafen sein.

Am nächsten Morgen ging es zurück in die Ruinen. Monika und mich zog es wiederholt an einen Platz im äußersten Südwesten der Anlage hoch oben über den Terrassen. Das Erlebnis von gestern wirkte noch sehr stark nach und ich erfreute mich erst mal an den vielen Kolibris und den wunderschönen Schmetterlingen, die die ganze Zeit um uns herum flogen. Vieles ließ ich in meinem Bewusstsein kommen und gehen, bis wieder aus vielen kleinen Teilen ein für mich ganzes Bild erschien.

Ich erfreute mich erst mal an den vielen Kolibris und den wunderschönen Schmetterlingen, die die ganze Zeit um uns herumflogen

Vor etwa 9.000 Jahren, schätze ich, traf eine Gruppe von Sternenmenschen im Gebiet von Cusco ein, um einen Ort für eine spätere Umsiedelung eines Volkes vorzubereiten. Sie bauten ein Basislager, das heutige Sacsayhuaman, die Speicherstadt der Sonne, legten verschiedene kleinere Grundfeste an und bauten Gebäude, unter anderem in Machu Picchu. Der Haupttempel und der Tempel der drei Fenster sind solche Grundfeste. Es wurden große Steine aufgestellt, damit das Fundament sicher steht, denn in diesem Gebiet gibt es in unregelmäßigen Abständen Erdbeben und das Klima ist feucht, da das Amazonasgebiet nicht weit entfernt liegt. Machu Picchu sollte als Kraftstätte, Energietankstelle und als geistige Universität dienen, denn die Sternenmenschen wussten schon lange über die Kraft dieses Ortes Bescheid. Machu Picchu, glaube ich, diente schon lange als Stätte, an dem sich die Raumschiffe mit Energie aufluden, um auf der Erde von Ort zu Ort zu reisen. Es konnten hier keine Raumschiffe eingesetzt werden, die im interplanetarischen Bereich flogen, da diese mit ihrer Größe und Ausstrahlung die Natur auf der Erde gestört hätten. In der irdischen Atmosphäre konnten nur kleine Raumschiffe fliegen, die aber angepasste kosmische Kraft über gewisse Kraftpunkte auf der Erde beziehen mussten.

Ein Kraftpunkt war Gizeh mit den Pyramiden, ein anderer Kraftpunkt ist Machu Picchu. Dort ist die Energiekonzentration so hoch, dass die Raumschiffe sich auf der Erde niederlassen und ‚aufgetankt' werden konnten mit kosmischer Energie, die mittels bestimmter Transformatoren nutzbar gemacht wurde. Diese Transformatoren befanden sich, so sah ich es in meiner Vision, in den beiden Haupttempeln, die in diesen eingebaut und geschützt waren. Das Intihuatana wird in seiner Form so gebaut worden sein, dass ein ganz bestimmter Raumschifftyp sich direkt auf diesen Dorn setzen konnte, um dort mit der kosmischen Kraft aufgeladen zu werden. Wie ich in der Vision gesehen hatte, könnte das Intihuatana mit Gold überzogen gewesen sein und hätte diese Energie so verstärken können.

Dies erklärt mir auch, warum diese Tempel für mich keine Opferstätten waren, sondern eher einen technischen Eindruck auf mich hinterließen. Vielleicht stand ein solcher Transformator in der Königskammer in Gizeh, ein Raum, dessen Funktion immer noch nicht erklärt werden kann? Es gibt auch Gerüchte, dass auf der Cheops-Pyramide, deren Spitze fehlt, nie eine stand, sondern dass auch auf dieser Plattform hoch oben auf der Pyramide Raumschiffe landeten und dort ihre kosmische Energie in hochkonzentrierten Form erhielten.
Vielleicht wurde aus diesen Transformatoren zusätzlich Energie und Strom für Licht und ähnliches gewonnen. Dass dies möglich

ist, bewies Nicola Tesla im letzten Jahrhundert, der dafür jedoch skrupellos verspottet wurde.

Ich könnte mir vorstellen, dass vor 7.000 oder 6.000 Jahren dann das Volk der Ayar mit Ihrem auf der Erde gebliebenen Lehrer Manco Capac in dieses Gebiet kam. Cusco wurde als Hauptwohnstätte aufgebaut, Sacsayhuaman diente als Raumschifflandeplatz. Ebenso wie der Berg Sinai, auf dem sich Mose tagelang in einem Raumschiff aufhielt, und der Berg Ararat, auf dem die Arche Noah, auch ein Raumschiff, landete, ist Sacsayhuaman in großer Höhe gelegen. Die Start und Landungen der Raumschiffe fanden also immer in entlegenen Gegenden statt. So wurde trotz der dabei wirksam werdenden intensiven Energien die Bevölkerung nicht gefährdet.

Die Inka - ein Kriegervolk, das den Frieden vergaß

Alle Wahrheit offenbart
Sich in dir, verborgen,
fühle Gottes Gegenwart
als des Lichtes Morgen ...

Die Kultur dehnte sich weit aus, im Süden bis über den Titicaca-See hinaus und im Norden bis nach Ecuador, bis auch hier eine Vermischung mit den irdischen, viel primitiveren Menschen einsetzte. Völker anderer Planeten hatten, wie gesagt, einen starken Gottesbegriff in sich, den sie auf der Erde beweisen wollten, und sie sollten sich in geistiger Hinsicht weiterentwickeln noch weiterentwickeln. Blutopfer wie die Maya oder die Inka sie gegen Ende ihrer Epoche kannten, gab es zu der Zeit der Aussiedlung nicht. Das zeigt, dass solche tierischen und dämonischen Mysterien die Oberhand gewannen durch die Vermischung der Ayars mit den Erdenmenschen und der Aberglaube des daraus resultierenden Volkes der Inka über den wahren Gottglauben triumphierte.

Inti, der Überbringer der Ayars auf die Erde, und Viracocha, der weiße und bärtige Gott, waren Menschen von anderen Sternen, die die Besiedelungsstätten im heutigen Peru vorbereitet hatten. Manco Capac kam später mit seinem Volk und ließ sich in Cusco nieder.

Die Gebäude waren schon vorab von der Vorhut aufgebaut worden Manco Capac musste nur noch in eine fertige Stadt einziehen. Ebenso auf Machu Picchu, wo eine zweite Generation von Gebäuden errichtet wurde, unter anderem auf den ehemaligen Räumen der Transformatoren. Diese zweite Bauphase orientierte sich an der vorausgegangenen. Das Trapez, das als besonders stabile Bauweise gilt, wurde von allen außerirdischen Bauherren weiterbenutzt.

Als die Moral der Ahnen durch die Vermischung mit den Erdenmenschen dahinschwand, zogen auch hier sich die moralisch standhaften unter den Ahnen der Inka sich von er Erde zurück. Aus dieser Vermischung entstand das Kriegervolk der Inka, die später wiederholt auf den Grundmauern der bisherigen Städte ihre Häuser bauten. Dies ist die dritte und primitivste Bauphase. Denn die hohe Magie und Technik der Schwerkraftaufhebung und das Schneiden der Steine ist ihnen abhanden gekommen. Sie konnten nur die Steine in kleine Stücke klopfen und sie mit Mörtel halbwegs stabilisieren. Das ist die eigentlich typische Bauweise der Inka. Das, was den Inka zugesprochen wird, war die Bauweise der Götter, die aber schon mehrere Tausend Jahre zuvor den Planeten verlassen hatten.

Das tragische an der Geschichte der Inka ist, dass sie ihre wahre friedvolle Herkunft vergessen hatten und sich nur auf Kriege und

Eroberungen konzentrierten. Dann musste es so kommen, wie es im Gesetzbuch des Schicksals für immer verankert ist: Wer Krieg sät, wird Krieg ernten. Wer gewalttätig fremdes Eigentum sich aneignet, dem wird es gewaltätig genommen. Die Inka wurden schließlich von den Spaniern, allen voran Franzisco Pizarro, regelrecht abgeschlachtet.

Das tragische an der Geschichte der Inka ist, dass sie ihre wahre friedvolle Herkunft vergessen hatten und sich nur auf Kriege und Eroberungen konzentrierten

Der Abschied

Was du in deinem ird'schen Sein
An Liebe hast gegeben,
das schmücket deiner Seele Heim
in deinem künft'gen Leben ...

Es ist der Abend vor unserer Abreise. Wir sitzen beim Abendessen im Hotel und es wurde uns mitgeteilt, dass wir heute Abend vom Hotel eingeladen seien. Es stand eine Flasche Sekt auf unserem Tisch und es brannte eine Kerze, als wir wie immer um 18.30 Uhr zum Abendessen kamen. Dieser Ort war uns zu einer zweiten Heimat geworden. Wir hatten alle Mitarbeiter des Hotels in unser Herz geschlossen und wir wussten, dass uns morgen ein harter Tag bevorstehen würde. Der Abreisetag.

Die Nacht schlief ich nicht gut und als wir uns am nächsten Morgen verabschiedeten und uns um die Mittagszeit in unseren Bus nach Aguas Calientes setzten, zerriss es uns das Herz. Wir waren traurig und konnten eine ganze Weile nicht sprechen. Die Busfahrt zurück in das staubige Aguas Calientes erlebten wir wie in Trance, und auch die dreieinhalbstündige Zugfahrt zurück nach Cusco erlebten nur unsere Körper, denn unsere Seelen waren immer noch auf Machu Picchu.

Am nächsten Morgen fuhren wir mit der Andenbahn quer durch Peru zum Titicaca-See nach Puno. Die Fahrt dauerte zehn Stunden und während dieser Fahrt konnten wir die Eindrücke von Machu Picchu in unserer Seele etwas zur Ruhe kommen lassen. Die restlichen fünf Tage in Puno dienten nur dazu, dass der Schock der Rückkehr vom Seelenplatz Machu Picchu ins hektische Deutschland nicht zu groß wurde. Am Ende mussten wir sogar einen Tag früher nach Lima zurück fliegen, da wir erfahren hatten, dass die Menschen in ganz Peru an dem Rückflugtag von früh morgens an streiken wollten.

Nur daraus wurde dann auch nichts, da wir bei unserem Rückflug nach Lima kurz in Arequipa zwischenlanden sollten, um Passagiere ein- und aussteigen zu lassen. Dort ereilte uns das Schicksal eines abgebrochenen Fluges aufgrund technischer Mängel ein zweites Mal. Wir mussten in Arequipa die Nacht verbringen und um fünf Uhr früh am nächsten Morgen uns wieder am Flughafen einfinden. Wir hatten das Glück, dass ein Peruaner uns mit zu sich nach Hause nahm, nachdem er uns ganz Arequipa bei Nacht gezeigt hatte. Schließlich fielen wir total übermüdet bei ihm zu Hause ins Bett und wollten nur noch schlafen. Aber daraus wurde nichts, da unter unserem Fenster eine Gruppe Jugendlicher feierte und bis um drei Uhr sang. Aber da mussten wir jedoch wieder aufstehen.

Sechs Stunden später flogen wir nach Lima, mussten uns wieder eine Stunde durch das Chaos der Hauptstadt fahren lassen, um uns noch etwa vier Stunden ausruhen zu können. Wir schliefen nur zwei Stunden, da wir vor lauter Müdigkeit nicht schlafen konnten. Dann ging es zum vierten Mal quer durch den Moloch Lima zum Flughafen. Wir checkten ein und um 18.00 Uhr Ortszeit saßen wir im Flugzeug zurück nach Europa.

Wir waren froh, denn der Stress der letzten fünf Tage ließ uns deutlich und schnell in der Realität ankommen. Machu Picchu war einmal. Jetzt lebe das wahre Leben.

Schändung der Vergangenheit

Der Sonne Abendrot verblasst –
Stumm falten sich die müden Hände,
befreit von aller Erdenlast
die Seele strebt zur heil'gen Wende ...

Die ganze Zeit, während wir auf Machu Picchu verweilten, waren Mitarbeiter des nationalen Instituts für Kultur mit Ausgrabungsarbeiten in einigen Gebieten der Anlage beschäftigt. Von unserem schönen Aussichtspunkt aus kam es uns wie Frevel an der Vergangenheit vor.

Ihre Tätigkeiten wurden mit Erfolg gekrönt, denn am 16. Oktober 2002 stand in der Bild-Zeitung ein klitzekleiner Bericht, dass ein intaktes Inka-Grab entdeckt worden sei. Es sei wohl die am besten erhaltene Grabstätte, die dort seit 90 Jahren gefunden wurde. Das Grab enthalte die sterblichen Überreste dreier Menschen, die mit Keramikvasen, Broschen und Nadeln als Grabbeigaben bestattet worden waren.

Das zeigt wieder einmal, wie intensiv sich der Mensch mit dem Tod beschäftigt. Wer starb wann, wie und warum? Alle Kammern, Tempel oder andere Gebäude werden automatisch zu Gräbern oder Einbalsamierungsstätten. Aber was bringt solch ein Fund der Menschheit? Warum beschäftigen sich die Wissenschaftler nicht mit dem unsterblichen Leben? Warum beschäftigen sich die Forscher nicht mit der Unendlichkeit des Universums, die gar keinen Tod kennt?

Auch in Ägypten wurde in der Zeit, die wir in Peru verbrachten, ein Versuch unternommen, mit einem Roboter geheime Kammern der Cheops-Pyramide zu erkunden. Mit wenig Erfolg. Was soll diese Gewalt an unserer Vergangenheit, die doch mit ganz anderen Mitteln ausgeleuchtet werden könnte?

Oh, ihr Forscher, Anthropologen und Archäologen. Lasst doch die Ruinen auf der ganzen Welt heilige Plätze sein. Lasst sie in Frieden. Lasst diese Zeugen der Vergangenheit in Ruhe und gebt den Menschen die Möglichkeit, diese Plätze wahrhaft zu entdecken. Mit dem Herzen, und nicht mit der Schippe. Oh, ihr ewig in der Erde Suchenden, bitte bringt den heiligen Plätzen die Hochachtung entgegen, die diese Stätten verdienen. Zeigt eure Intelligenz, indem ihr der Vergangenheit euren Respekt bezeugt. Dann werdet ihr viele brennende Fragen beantwortet bekommen.

Oh, ihr Forscher, Anthropologen und Archäologen. Lasst doch die Ruinen auf der ganzen Welt heilige Plätze sein. Lasst sie in Frieden

Wahre Intelligenz

Wasser ist dem Geist verwandt –
Suche nicht mit dem Verstand
Beider Quellen zu ergründen –
Um der Weisen Stein zu finden,
halte beide göttlich rein,
dann ist fremd dir Sorg' und Pein ...

Was ist aber Intelligenz? Es gibt Hunderte von unterschiedlichen Auffassungen. Meine ist die, dass ein Lebewesen intelligent ist, wenn es seine ureigenste Lebensaufgabe erfüllt, anderem Leben dient und die gesamte Evolution durch diesen friedlichen Liebesdienst voranbringt.

Wie wir schon gehört haben, bestehen wir aus Licht. Das Licht ist der Urgrund von allem und dies bedeutet: Am und im Anfang war das Licht.

Das Licht ist intelligent, denn es erleuchtet die Dunkelheit. Der Fisch ist intelligent, denn er schwimmt und dient anderen Tieren als Nahrung. Die Pflanze ist intelligent, denn sie wächst. Sie wandelt Kohlenstoff in Sauerstoff um und lässt uns Menschen atmen. Vögel sind intelligent denn sie fliegen und sehen die Welt aus einer globalen Perspektive. Sie geben dem Menschen Freude und erinnern ihn an sein himmlisches Zuhause. Die Natur ist intelligent, denn sie geht ihren im Geist vorgegebenen Weg und ist andauernd Schöpferin von Leben. Alles dient der Evolution.

> *Das Licht ist intelligent, denn es erleuchtet die Dunkelheit*

Der Mensch wäre intelligent, wenn er die göttliche Liebe auf der Erde erhöhen und anderen Seelen in ihrer Entwicklung helfen würde. Wie sehr dies jedoch von der Wirklichkeit abweicht, zeigen die Kriege und die zunehmende Gewalt. Der Mensch ist demzufolge nicht intelligent. Er ist dumm, denn er geht nicht seinen im Geist angelegten Weg des Schicksals.

Mittlerweile sucht der Mensch im All nach Intelligenz. Er sucht nicht nur nach Leben, sondern nach intelligentem Leben. Da er aber nach solcher ‚Intelligenz' sucht, wie sie auf Erden herrscht, wird er nichts finden. Denn eine weitere so dumme Menschheit zu finden, wird nicht leicht sein. Durch diese Suche nach Dummheit übersieht er, der dumme Mensch, die wahre Intelligenz.

Aber jetzt gibt es wirklich ein seltsames Phänomen. Irgendwie glauben aber trotzdem viele, dass wir nicht die einzigen Menschen im Universum sind. Noch mehr Zeitgenossen würden unsere Entwicklungsstufe nicht mit intelligent umschreiben, wenn sie danach gefragt würden. Und wären die Ängste der Menschen nicht so groß, könnten sie in den geheimsten Ecken ihrer Seele diesen tiefen Glauben wiederfinden, der ihnen Geschichten von Bewohnern anderer Planeten erzählt. Dazu ist es nur deshalb bislang noch nicht in ausreichendem Umfang gekommen, weil wir von Wissenschaft, Kirche und Politik dumm gehalten werden. Das tiefe Wissen um unsere Herkunft wurzelt in jedem von uns. Darum gehen uns Filme mit friedlichen Außerirdischen uns so zu Herzen gehen, selbst wenn sie so unrealistisch dargestellt werden wie der kleine E.T.. (Interessiert es Sie, wie einige der Außerirdischen aussehen, die unsere Erde betreuen? In ‚Friede über alle Grenzen', auch im Bergkristall Verlag erschienen, finden Sie viele interessante Zeichnungen.)

Fazit: Alle glauben, dass es Menschen auf anderen Planeten gibt und dass außerirdische Raumschiffe schon auf der Erde gelandet sind. Und doch ist es ein Tabuthema der heutigen Zeit und wird von ein paar an einer Hand abzählbaren Wissenschaftlern ins Lächerliche gezogen. Nur leider werden diese als Autoritäten betrachtet und ihre Meinung, so dumm sie auch ist, wiegt mehr als Millionen Meinungen intelligenter unbekannter Menschen.

Dies zeigt in vollem Umfang unseren verschwindend geringen Entwicklungsgrad. Denn es geht den Menschen immer nur um die Glaubwürdigkeit oder die Unglaubwürdigkeit von Vorkommnissen, nie aber um deren wirklichen Wahrheitsgehalt. Sprich: Immer nur geht es um die Erscheinung, nie um das der Erscheinung innewohnende Wesen.

Ich weiß, dass eine Menschheit eines anderen Planeten unsere Erde betreut und aufpasst, dass unser Planet nicht durch die Dummheit von uns Menschen in die Luft fliegt. Denn dadurch würde das Gefüge unseres Sonnensystems aus den Fugen, sprich die Planeten aus ihren Umlaufbahnen geraten. Und durch ein Ungleichgewicht eines Sonnensystems würden alle größeren Gefüge ebenfalls in ein Ungleichgewicht gebracht. Das hätte verheerende Folgen, denn dadurch würden unbeteiligte Bewohner anderer Sternensysteme in Mitleidenschaft gezogen. Dies zu verhindern, ist die Aufgabe dieser uns unterstützenden Sternenmenschheit. Ich glaube dies aus der tiefsten Tiefe meines Herzens. Eine Menschheit zu betreuen, die soviel Krieg führt und mordet, ist bestimmt nicht einfach. Was sollte also ihre tausendfach bewiesene Anwesenheit in unserer Atmosphäre sonst bedeuten, wenn sie nicht als Hilfe gedacht ist? Warum würde sich sonst eine Menschheit so lange hier auf unserem Planeten aufhalten, wo sie doch schon große Weiten des Universums hinter sich gelassen hat und noch unendlichere friedvolle Weiten vor ihr liegen? Nur eine Antwort beruht auf wahrer Intelligenz: aus reiner Nächstenliebe.

Übersetzt heißt das: Menschheiten anderer Planeten kümmert es nicht, ob wir ihre Existenz als glaubwürdig oder unglaubwürdig betrachten. Sie wissen um die Wahrheit ihrer Mission und um die Wichtigkeit ihrer Aufgabe.

Machu Picchus Umweltproblem Nummer eins

Lass die große Gegenwart
Durch die Seele scheinen ...
Alles wird durch ihre Kraft
Sich in Liebe einen.

In den Jahren 1988, 1994 und 1997 wüteten enorme Feuer im Heiligen Land um Machu Picchu. Es fehlte nicht viel, und die Stadt in den Wolken wäre im letzten der großen Feuer zerstört worden. Man geht davon aus, dass ein Lagerfeuer außer Kontrolle geriet, das von den einheimischen Führern für die Touristen angelegt worden war.

Der Tourismus. Ein Segen für Peru, aber auch ein Fluch. Ein Segen, dass diese Menschen aus aller Welt viel Geld in das arme Land bringen. Aber auch ein Fluch, weil viele dieser Fremden das Land, die Leute und auch die Natur nicht wertschätzen und respektieren.

Viele Plätze und Steine auf Machu Picchu wurden von den Touristen schon beschädigt und teilweise sogar zerstört. Jeden Tag sahen wir in den Ruinen leere Flaschen, Dosen, Tempos und vieles andere im Gebüsch liegen. Viel Abfall wird einfach unter irgendwelchen Steinen abgelegt, obwohl überall Müllbeutel aufgestellt sind. Aber hier muss es wohl noch relativ harmlos zugehen. Viel schlimmer soll die Lage auf dem Inka-Trail sein, der mittlerweile, im wahrsten Sinne des Wortes, überlaufen ist.

Der Inka-Trail ist der von den ehemaligen Stafettenläufern der Inka genutzte Pfad durch die Anden. Der Inka-Trail, oder Inkapfad, der heutzutage in den Reisebüros gebucht werden kann, fängt am legendären ‚Kilometer 88' an. Man erreicht diesen Punkt mit dem Zug, der von Cusco um 6.00 Uhr frühmorgens losfährt. Eine andere Möglichkeit wäre, nach Ollantaytambo zu reisen und dort den Zug für drei weitere Stationen zu nehmen, bis der Zug mitten in der Landschaft anhält und Sie Ihre Siebensachen packen müssen, um sich auf die drei- bis fünftägige Wanderung nach Machu Picchu zu machen.

Am Ausgangspunkt an Kilometer 88 müssen Sie erst einmal den tosenden Fluss Urubamba auf einer Hängebrücke überqueren. Danach kommen Sie durch die Orte Llactapata, Runkuracay, später das idyllische Sayacmarca und Phuyupatamarca in 3.700 Meter Höhe. Hier gibt es eine 1000stufige Treppe, die direkt nach Huinya Huayna führt. Schließlich gelangen Sie an das Intipunku, das Sonnentor und kommen knapp eine halbe Stunde später im sagenumwobenen Machu Picchu an. Für den Pfad können Sie sich indianische Träger mieten, die Ihre Rucksäcke den ganzen Weg tragen, vorauseilen und Ihre Zelte aufbauen, bis Sie die nächste Station erreicht haben.

Falls Sie eine Tour auf dem Inka-Trail beabsichtigen, müssen Sie sich vorher erkundigen, ob der Zug dort hält und das Ticket am besten einen Tag vorher kaufen. Auf eigene Faust können Sie nicht mehr diesen Weg begehen, denn die Nachfrage ist mittlerweile zu groß geworden. In den Monaten Juni bis August ist der Inka-Trail überlaufen.

1993 gingen 14.480 Bergsteiger diesen Weg, ein Jahr später waren es schon 23.349. Neuere Daten habe ich leider nicht. Aber Sie können sich ausrechnen, wie viele Tausend mehr es heutzutage sind. Zum Vergleich: 1994 besuchten ungefähr 500 Leute pro Tag die Ruinen von Machu Picchu, dieses Jahr waren es in Hoch-Zeiten knapp 2.500, im Durchschnitt knapp 800.

Jeden Tag kommen so ca. 16.000 US-Dollar in die Kassen der Gemeinde Cusco, denn der tägliche, nicht verhandelbare Eintritt kostet $ 20,-. Studenten zahlen $ 10,- (Ausweis dringend mitbringen) und Kinder $ 5,-. Man fragt sich, wo das Geld bleibt, betrachtet man das ständig wachsende Aguas Calientes am Fuße von Machu Picchu, das immer noch wie ein Slum aussieht.

Wie viel Müll von diesen Abertausenden Touristen in der Landschaft zurückgelassen wird und wie viele Steine in den Ruinen von unachtsamen Menschen entfernt werden, brauche ich nicht zu sagen. Falls Sie den Inka-Trail gehen, bitte achten Sie die Natur und lassen Sie nicht ein einziges Stück Tempo im Gebüsch liegen. Die Natur und das Welterbe Machu Picchu unter dem Schutz der UNESCO werden es Ihnen danken. Denn Machu Picchu ist ein Schatz nicht nur für Peru, sondern für die ganze Welt. Machu Picchu ist ein Schatz für die Menschheit, eine Perle der Menschlichkeit und eine Hoffnung für unsere Zukunft. Ein Welterbe, das Unterstützung von Staaten der ganzen Erde verdient, denn Peru ist zu arm, um dieses Gebiet ganz alleine zu schützen.

Denn Machu Picchu ist ein Schatz nicht nur für Peru, sondern für die ganze Welt. Machu Picchu ist ein Schatz für die Menschheit, eine Perle der Menschlichkeit und eine Hoffnung für unsere Zukunft

Machu Picchu Sanctuary Lodge

Am seichten Ufer
Verharre nicht –
Durch alle Begrenzung
Strahle dein Licht ...

Dass die Preise für die Unterkunft in diesem Hotel nicht die billigsten sind, ist aufgrund der exquisiten Lage des Hotels nicht überraschend. Dass aber jede der Übernachtungen ihren Preis wert ist, wurde uns so richtig erst in Deutschland klar. Wir konnten morgens in aller Ruhe aufstehen und abends den Tag gemütlich ausklingen lassen. Und mitten am Tag, wenn uns eine tiefe Müdigkeit überfiel oder es wie aus Kübeln goss, konnten wir mal eben für eine Stunde schlafen gehen. Auch die prägende Nacht in den Ruinen wäre nicht möglich gewesen, wenn wir nicht im Hotel in den Ruinen gewohnt hätten.

Die paar Dollars mehr, die Sie hier im Vergleich zu den Hotels im 8,5 Kilometer entfernten Aguas Calientes bezahlen, sind es allemal wert. Kein ewiges Hinundhergefahre mit dem Touristenbus, keine staubigen und lauten Hotelzimmer.

Gut, dass wir uns nach reiflicher Überlegung für dieses Hotel entschieden hatten. Für die doch sehr anstrengenden Tage auf Machu Picchu war das Hotel ein Glücksgriff. Denn die Ängste und Aufregungen, mit denen wir konfrontiert wurden, haben an den Kräften gezehrt. Wenn Sie eine Seelenreise nach Machu Picchu planen, dann möchte ich Ihnen das Hotel ‚Machu Picchu Sanctuary Lodge' wirklich ans Herz legen. Denn die Erlebnisse auf dem Berg und die Eindrücke, die dieser Kraftort in unseren Seelen hinterließ, sind mit keinem Geld der Welt aufzuwiegen.

Zusätzliche Tipps für Ihre Reise

Ein neuer Weltentag bricht an,
der Nichterkenntnis Schleier fallen
Es grüßen dich der Sterne Bahn,
der hohen Liebe gold'ne Strahlen.

Für uns hat es sich bezahlt gemacht, alle Tickets, sowohl die der Zugfahrten als auch der Inlandsflügen von einer Agentur vor Ort buchen zu lassen. Bei unvorhergesehenen Problemen war so die örtliche Agentur dafür zuständig. Unsere Rückreise lag genau in einer Phase, als die Peruaner in allen größeren Städten gestreikt haben. Wir flogen deshalb einen Tag früher nach Lima zurück. Alle Straßen wurden früh morgens abgesperrt, sodass wir nicht zum Flughafen hätten gelangen können, wären wir wie geplant geflogen. Hätten wir die Tickets von Deutschland aus gebucht gehabt, hätten wir viele Stunden damit zugebracht, diese Tickets umschreiben zu lassen. Außerdem sprechen wir beide kein Spanisch und nicht alle Peruaner sind des Englischen mächtig. Es hätte uns viel Zeit und Stress gekostet. So konnten wir uns ausruhen und die örtliche Agentur regelte alles für uns.

Wir Touristen sind für die Peruaner, eines der ärmsten Völker der Welt, sehr reich. Lassen Sie möglichst allen Schmuck zu Hause. Tragen Sie Ihre Wertsachen, Tickets, das Geld etc. in Umhängebeuteln oder in Gürteltaschen. Selbst Kängurubeutel können im Gedränge sehr schnell geklaut werden. Vermeiden Sie ebenfalls, Fotoapparate und Filmkameras bei Nicht-Gebrauch um Ihren Hals baumeln zu lassen. Stecken Sie sie lieber in einer festen Tüte in den Rucksack oder halten Sie sie in einer unscheinbaren Plastiktüte in der Hand.

Das preiswerteste und praktischste Reisemittel in Peru ist das Taxi. Falls Sie einen Leihwagen chartern wollen, nehmen Sie eines mit Fahrer. Der kennt sich mit den Straßenverhältnissen aus, denn die Peruaner fahren ohne irgendwelche Regeln. Außerdem kann der Verlust des Autos sehr teuer werden. Denn im Normalfall sind die Mietautos nicht versichert.

Der Zeitunterschied von Peru zu Deutschland beträgt im Winter sechs Stunden rückwärts. Ist es in Deutschland 15.00 Uhr, dann zeigt die Uhr in Peru 9.00 Uhr vormittags an. Im Sommer beträgt der Zeitunterschied sieben Stunden.

Wenn Sie einige Tage auf Machu Picchu bleiben wollen, dann rechnen Sie für jeden Tag Ihre $20,- Eintritt. Wir waren zu zweit und besichtigten Machu Picchu zehn Mal tagsüber und ein Mal nachts. Das macht zusammen 22 x $ 20,- Eintritt. Summasummarum $ 440,-. Den Eintritt herunterhandeln zu wollen, bringt nichts. Dies geht bei den Mitarbeitern auf Machu Picchu nicht. Sie sind sehr bürokratisch.

Auf den Märkten allerdings geht es nicht ohne Handeln. Auch wenn Sie sich schwer damit tun, sie sollten es lernen, denn Sie können eine Menge Geld sparen. Handeln gehört in Peru zum Geschäft wie die Schmetterlinge zu Machu Picchu.

Die beste Zeit für eine Reise nach Machu Picchu ist von Juni bis Oktober. In dieser Zeit herrscht meist sonniges Wetter, allerdings mit großen Temperaturunterschieden zwischen Tag und Nacht. Im Juni und im Juli wird es rappelvoll werden, dann ist Machu Picchu überlaufen. In meinen Augen ist der beste Monat der September, denn dann sind weniger Touristen unterwegs und das Wetter ist noch schön. Denn von November bis März regnet es 11 bis 19 Tage im Monat. Aber rechnen sie bitte nicht damit, Machu Picchu ohne Wolken zu sehen. Das kommt nur sehr selten vor.

Wichtig für den Aufenthalt auf Machu Picchu ist ein Hut mit breiter Krempe, damit neben dem Kopf zusätzlich auch der Nacken geschützt ist. Denn da oben holt man sich sehr schnell einen

Sonnenbrand. Bitte eine Sonnenbrille mitnehmen und sich immer mit einem hohen Sonnenschutzfaktor eincremen. Die Sonne brennt, auch wenn sie hinter den Wolken versteckt ist.

Auf Machu Picchu gibt es eigenartige Stechmücken. Wenn die stechen, dann juckt es noch wochenlang später. Bitte denken Sie unbedingt an guten Mückenschutz und tragen Sie hauptsächlich lange Hosen und Jacken. Es lohnt sich.

Für weitere Hinweise und für Fragen zu einer individuellen Reise nach Peru steht Ihnen gerne Kirsten Götze-Krause vom Reisebüro „Reisen und erleben" zur Verfügung. Ihre Anschrift finden Sie am Ende des Buches. Bei ihr sind Sie in guten Händen.

Frieden!

Frieden wird die Welt umfangen
Aus der hohen Christuskraft –
Liebe werdet Ihr empfangen
Aus der Sternenbruderschaft.

Oh, Machu Picchu, dich werde ich nie vergessen. Zwei Monate sind es jetzt her, seit wir wieder zurück in Deutschland sind. Machu Picchu lebt seitdem noch stärker in mir. Jedes Erlebnis ist in mir eingebrannt, so als ob ich es nie wieder vergessen dürfte.

Machu Picchu hat eine Botschaft für jeden Menschen auf unserer Erde, ob er jemals diese Stadt des Lichts in den Anden besucht oder nicht. Die Botschaft lautet: Friede auf Erden. Möge unter den Menschen immer Frieden herrschen.

Als ich zum ersten Mal inmitten der Tempel stand, war Machu Picchu eine Ruine für mich. Eine erhabene Ruine zwar, aber doch eine Ruine. Nach einiger Zeit wurde Machu Picchu für mich ein Ort der Prüfungen. Ein Ort der Einweihung, ein Ort, um meine überflüssigen Ängste abzulegen und Kontakt mit meiner Seele zu bekommen. Am Ende war Machu Picchu nur noch Frieden.

Frieden auf allen Ebenen. Frieden mit mir, Frieden mit meiner Vergangenheit, Frieden mit meinem jetzigen Leben, Frieden mit meiner Frau, Frieden mit meiner Familie, Frieden mit meinen Freunden und Frieden mit allen, für die Frieden kein Fremdwort ist. Frieden mit der Natur, Frieden mit der Erde, Frieden mit dem Universum und all seinen Bewohnern, und Frieden mit Gott.

Machu Picchu hat eine Botschaft an jeden Menschen auf unserer Erde, ob er jemals diese Stadt des Lichts in den Anden besucht oder nicht. Die Botschaft lautet: Friede auf Erden. Möge unter den Menschen immer Frieden herrschen

Terror gibt es genug auf der Welt. Terror gab es schon immer, doch nie uferte er so aus wie in den letzten Monaten. Terror erfasst die ganze Welt und eine Welle der Angst rollt über die Erde. Am Terror können wir nichts ändern. Nur eines können wir tun: Wir dürfen die Angst nicht in unsere Herzen lassen. Wir dürfen die Angst nicht unser Leben bestimmen lassen. Liebe, Glaube, Vertrauen, Zuversicht, Hoffnung bewahren unser Leben und geben uns Kraft weiterzumachen, auch wenn wir scheinbar keine Lösungen für Probleme sehen. Wir sind Licht und das Licht siegt immer und überall.

Manchmal ist das schwer zu verstehen. Nehmen wir einmal an, zwei Räume liegen nebeneinander und sind mit einer Tür verbunden. Der eine ist lichtdurchflutet, der andere ist dunkel. Was passiert, wenn man die Tür dazwischen öffnet? Der dunkle Raum wird hell und nicht umgekehrt. Das beweist, dass der Urgrund von allem Licht ist. Nichts kann sich dem Licht entgegenstellen. Es dringt in die tiefste Dunkelheit hinein. Kein Terror und keine Angst kann dem Licht entgehen. Wird eine Angst von dem Licht erfasst, wird sie erleuchtet und erkannt. Somit verliert sie ihren Schrecken und hat keine Macht mehr über uns. Niemals hört das Licht auf, Licht zu sein. Also: machen Sie die Tür zu Ihrem inneren Licht auf!

Frieden ist verkörpertes Licht. Aber vor Äonen wurde ein Teil des Friedens zu Hass. Ein Teil des Friedens wurde vor Ewigkeiten zu Gewalt. Ein Teil des Friedens wurde zu Krieg. Aber diese Teile des Frieden wurden immer wieder durch das Licht erleuchtet. Schließlich erkannten sie sich selbst mitsamt der Irrtümer und behielten von da an das Licht in sich. Deshalb ist Frieden verkörpertes Licht. Deshalb brauchen wir Menschen Frieden. Deshalb braucht die Erde Machu Picchu. Machu Picchu ist Frieden!

Machu Picchu, ich danke dir!

Eine abschließende Übung

Er führt durch viele Körperhüllen,
durch manche Wandlung – zweifle nicht –
Gewissheit soll dein Herz erfüllen:
In dir find'st du das göttlich' Licht ...

Letztens habe ich in der Zeitung gelesen, dass die Deutschen wieder mehr Angst hätten. Und das hinge laut Umfrage zu einem großen Teil mit den diversen Terroranschlägen auf der ganzen Welt zusammen. Jederzeit könnte jeder von uns an fast jedem Ort Opfer eines Anschlages werden. Diese große Woge der Angst zieht um die Welt. Kein Land wird davon verschont. Die Summe aller Ängste auf unserer Erde wird von Tag zu Tag größer. Deshalb ist es so enorm wichtig, dass wir uns nicht auf unsere Ängste konzentrieren, die uns vom eigentlichen Leben abhalten, sondern auf unsere innere Stärke und auf unser inneres Licht, den inneren Frieden.

Es wurde von diversen Wissenschaftlern nachgewiesen, dass jede Zelle unseres menschlichen Körpers Licht ist. Logischerweise folgt daraus, dass jeder Mensch Licht ist. Jeder einzelne der mittlerweile fast sieben Milliarden Menschen auf der Erde besteht aus reinem Licht. Wir sind alle Lichtwesen.

> *Stellen Sie sich täglich ein paar Minuten vor, dass Sie Licht sind. Stellen Sie sich vor, dass jedes Haar, jeder Fingernagel, jeder Zeh, jedes Organ von Ihnen aus Licht besteht*

Daher kann man eine ganz einfache Übung machen: Stellen Sie täglich ein paar Minuten vor, dass Sie Licht sind. Stellen Sie sich vor, dass jedes Haar, jeder Fingernagel, jeder Zeh, jedes Organ von Ihnen aus Licht besteht und dass Sie strahlen wie die Sonne. Es reichen am Anfang nur zwei oder drei Minuten. Wenn Sie das schaffen, sich zwei Minuten nur auf Ihr Licht zu konzentrieren, dann werden Sie in kürzester Zeit spüren, wie sich Ihr Leben verändert, wie Sie kräftiger und ruhiger werden. Dadurch wird ihr Lichtkörper größer und sie fühlen sich besser geschützt.

Eine weitere Möglichkeit, Ihre seelische, geistige und körperliche Gesundheit zu fördern, besteht darin, das Wasser, das Sie trinken, mit der Kraft eines Bergkristalls anzureichern. Dazu legen Sie einen Bergkristall in eine Karaffe mit Leitungswasser. Gehen Sie nach Ihrem Gefühl, wie lange der Stein im Wasser liegen soll. Ich persönlich fülle meine Karaffe am Abend, bevor ich ins Bett gehe und nehme den Stein am Morgen wieder heraus. Dann kann sich der Stein am Tag erholen, indem er sich wieder mit Energie auflädt. Am nächsten Abend wird er zurück in die Karaffe gelegt. Die Kraft der Steine und besonders die des Bergkristalls ist nicht zu unterschätzen.

Machen Sie sich keine Sorgen um die Qualität des Leitungswassers. Bergkristalle haben die Fähigkeit, Gifte im Wasser oder Störungen im Geschmack aufzulösen, denn sie bringen Licht in das Wasser und verstärken die Kraft ins fast Unermessliche. Bergkristalle helfen, dass wir uns als Lichtwesen spüren und führen uns zu unserem inneren Frieden. Sie helfen uns zu erinnern ...

Literaturverzeichnis

Alle Gedichte die am Beginn eines Kapitels stehen, stammen aus dem Buch ‚Strömende Stille' von Hermann Ilg, erschienen im Bergkristall Verlag in Bad Salzuflen.

Bernard Baudouin; *Die Inka*; Verlag Herder; Freiburg
Marco Bischof; *Biophotonen - Das Licht in unseren Zellen*; Zweitausendeins, Frankfurt
Christa Faye Burka; *Kristall-Energien*; Peter Erd Verlag, München
Erich von Däniken; *Auf den Spuren der Allmächtigen*; Goldmann Verlag, München
Erich von Däniken; *Der Jüngste Tag hat längst begonnen*; Goldmann Verlag, München
Erich von Däniken; *Die Spuren der Außerirdischen*; Goldmann Verlag, München
Korra Deaver; *Die Geheimnisse des Bergkristalls*; Windpferd Verlag, Aitrang
Peter Frost / Jim Bartle; *Machu Picchu Historical Sanctuary*; Nuevas Imagenes S.A., Lima
Peter Frost; *Exploring Cusco*; Nuevas Imagenes S.A., Lima
Hermann Ilg / H. P. Schaffer; *Die Bauten der Außerirdischen in Ägypten*; Bergkristall Verlag, Bad Salzuflen
Elizabeth B. Jenkins; *Die Rückkehr des Inka*; Wilhelm Goldmann Verlag, Münschen
Mallku (James Arévalo Merejildo); *Machu Picchu Forever*; Cusco
Jan Moewes; *Für 6 Euro 50 durch das Universum*; Zweitausendeins, Frankfurt
Philip und Phylis Morrison; *Zehn hoch*; Zweitausendeins, Frankfurt
Karin Muller; *Entlang der Inka-Straße*, Goldmann Verlag, München
Heike Owusu; *Symbole der Inka, Maya und Azteken*; Schirner Verlag, Darmstadt
Fritz-Albert Popp; *Die Botschaft der Nahrung*; Zweitausendeins, Frankfurt
Fidelis Ruppert OSB; *Mein Geliebter, die riesigen Berge!*; Vier-Türme-Verlag Münsterschwarzach
Shalila Sharamon, Bodo J. Baginski; *Das Chakra-Handbuch*; Windpferd Verlag, Aitrang
Henrique Urbano; *All Machu Picchu*; Editorial Escudo de Oro, S.A.; Lima
Patricia Troyer; *Kristalle*; Aurum Verlag, Braunschweig
Simone Waisbard; *Machu Picchu - Die Heilige Stadt der Inka*; Lübbe, Bergisch Gladbach
Siegfried E. Waxmann; *Unsere Lehrmeister aus dem Kosmos*; Hans Landes KG, Isny

Bitte beachten Sie
auch die folgenden Seiten:

Weiterhin im Bergkristall Verlag erschienen:

Friede über alle Grenzen!
14 Broschüren, Ca. 500 Seiten – ISBN 3-935422-00-8
Herausgeber: Fieber – Reinmöller – Richter
In diesen Broschüren nimmt der Santiner Ashtar Sheran zu den Gegebenheiten auf unserem Planeten Stellung. Ob Religionen, Wissenschaft oder Politik – in allen Bereichen wird aufgezeigt, wie hilflos wir unseren Problemen gegenüberstehen. Ashtar Sheran hilft uns in direkter und deutlicher Sprache, unsere Schwierigkeiten zu meistern. Die Worte machen Mut und haben die Kraft zu verändern.

Gedanken für den Weltfrieden
176 Seiten – ISBN 3-935422-49-0
Herausgeber: Fieber – Reinmöller – Richter
Hier finden Sie ein Gedankengut, das jeden, der den Frieden liebt, ansprechen wird. Die einfachen und brillanten Gleichnisse und Beschreibungen sind an Aktualität nicht zu überbieten. Sie erklären, warum die derzeitigen Machtstrukturen auf unserem Planeten nicht geeignet sind, den Weltfrieden zu realisieren. Gleichermaßen wird dem Leser verständlich, dass jeder einzelne in seinen persönlichen Bereichen Beiträge leisten muss, um die Missstände zu durchbrechen.

Die Blaue Reihe
Herausgeber: Fieber – Reinmöller – Richter
Band 1: Jesus Christus
80 Seiten – ISBN 3-935422-01-6
In diesem Buch finden Sie Wahrheiten und Antworten auf die vielen Fragen über die größte Seele, die je auf diesem Planeten gelebt hat. Es wird deutlich, dass Jesus Christus für die geistige Welt kein Gott, sondern eine Seele ist wie alle anderen Menschen auch.

Band 2: Das Sterben
160 Seiten - ISBN 3-935422-02-4
Das Tabu-Thema der Menschen wird hier an der Wurzel gepackt. Die große ‚Bedrohung' wird durch dieses Buch in ein vertrautes Wissen umgewandelt. Das Weiterexistieren der Seele nach dem körperlichen Tod wird ebenso beschrieben wie bewiesen. Ein Muss für jeden, der wissen möchte, was ihn nach dem Tod erwartet.

Band 3: Die Stimme Gottes
64 Seiten – ISBN 3-935422-03-2
Ein provokanter Titel für ein Buch, in dem ein hohes Geistwesen stellvertretend für die göttlichen Sphären spricht. Hier wird aufgezeigt, wie die Geschehnisse auf diesem Planeten von einer höheren Warte aus gesehen werden. Hier wird Klartext geredet!

Band 4: Die Mediale Arbeit –
176 Seiten – ISBN 3-935422-04-0
Hier werden die wichtigen Voraussetzungen und Gesetzmäßigkeiten benannt, die für die positive mediale Arbeit unerlässlich sind. Es wird deutlich auf die Gefahren des Spiritismus hingewiesen und aufgezeigt, wie gute von schlechten Kontakten unterschieden werden können.

Band 5: Der Schöpfer - Der Widersacher
160 Seiten - ISBN 3-935422-05-9
Die geistige Welt hat hier den Versuch unternommen, in uns verständlichen Worten die Existenz Gottes zu beschreiben. Ebenso wird die Tragik um die Geschehnisse mit Luzifer, dem Widersacher, deutlich.

Band 6: Die Seele - Der Schutzpatron
128 Seiten – ISBN 3-935422-06-7
Der positiven geistigen Welt gelingt es wieder einmal, uns in einfachen und verständlichen Worten ein Thema nahe zu bringen, das von Wissenschaft und Psychologie genauso abgelehnt wird, wie es die kirchlichen Institutionen mit der Reinkarnation tun. Beides, Seele und Reinkarnation, gehören unmittelbar zusammen.

Band 7: Krankheit – Heilung – Gesundheit
176 Seiten - ISBN 3-935422-07-5
Hier hilft uns die geistige Welt dabei, Ursachen für viele Krankheiten zu erkennen. Es wird ausdrücklich darauf hingewiesen, dass die Schulmedizin unerlässlich und wichtig für die Heilung unseres Körpers ist. Jedoch genau so wichtig sind positive geistige Einflüsse wie das Gebet, der Glaube und geistige Heilmethoden. Weitere Schwerpunkte des Buches sind die Ernährung, Drogen und Karma.

Band 8 ‚Die Santiner' und Band 9 ‚Das Geistige Reich' sind in Vorbereitung.

Alle lieferbaren Bücher von Hermann Ilg:

Die Bauten der Außerirdischen in Ägypten
160 Seiten mit 70 Fotografien – ISBN 3-935422-59-8
Dieses Buch beinhaltet eine Fülle von Beweisen für die Beteiligung einer außerirdischen Menschheit an den großartigsten Bauwerken dieses Planeten. Mit brillant einfacher Logik gelingt es Hermann Ilg durch die inspirative Hilfe von Geistwesen, uns anhand von Fotografien dieses sensible Thema näher zu bringen. In uns verständlichen Worten werden Sinn und Zweck der Pyramiden und anderer Bauten erklärt. Zusätzlich erhält der Leser Erfahrungsberichte von Menschen, die sich in den Pyramiden aufgehalten haben.

E.T. in ancient Egypt (englische Version von Die Bauten der Außerirdischen in Ägypten):
100 Seiten – ISBN 3-935422-57-1
siehe oben

Bewusstsein und Weltbild:
24 Seiten – ISBN 3-935422-56-3
Dieses Büchlein zeigt uns die Grenzen auf, die uns von einem umfassenderen Weltbild abschneiden. Es wird beschrieben, wo die Ansätze für eine gesunde Bewusstseins-Erweiterung liegen, welche von unseren Wissenschaftlern und Philosophen bereits erkannt und vor allem übersehen werden.

Die Gedankenbrücke
92 Seiten – ISBN 3-935422-54-7
In diesem Büchlein beschreibt ein Freund von Hermann Ilg auf telepathischem Wege seine Erlebnisse nach seinem Heimgang ins Geistige Reich. Es wird immer wieder deutlich, wie unzureichend unsere Sprache für den Berichterstatter geeignet ist, das wiederzugeben, was er mitzuteilen wünschte. Ein spannender Erlebnisbericht eines Verstorbenen.

Kümmert sich eine außerirdische Menschheit um uns?
48 Seiten – ISBN 3-935422-50-4
Dieses Büchlein hat einen Vortrag als Ursprung, der erstmals im Jahre 1968 gehalten wurde. Er hat bis heute nichts von seiner Aktualität verloren.

Das Wissen eines neuen Zeitalters
108 Seiten – ISBN 3-935422-52-0
Das Wissen, das uns von den Santinern über das Inspirationsmedium Hermann Ilg übermittelt wurde, hilft uns dabei, die Weiten des Weltraums als überbrückbar anzuerkennen. Es wird das Leben auf anderen Planeten beschrieben, die Möglichkeiten der außerirdischen Technik erklärt und Stellungnahmen zu verschiedenen Prophezeiungen abgegeben. Ein spannendes Buch über die Vielfalt des Universums.

Strömende Stille
76 Seiten – ISBN 3-935422-55-5
Dieser Gedichtband ist ein Geschenk der Geistigen Welt. Über Herrn Ilg als Inspirationsmedium wurden wunderschöne Verse übermittelt, die uns im Herzen und in der Seele berühren. Dieses Büchlein ist auch zum Verschenken gut geeignet.

Leben in universeller Schau
128 Seiten – ISBN 3-935422-51-2
Dieses Buch behandelt das Leben der Santiner auf ihrem Heimatplaneten. Die Klimaverhältnisse, politische Strukturen, Freizeitgestaltung und viele andere interessante Details über ihr gesellschaftliches Leben werden sehr anschaulich beschrieben.

In Vorbereitung:
In kosmischen Bahnen denken
Wenn die Not am größten ...
Am Ende der Zeit

Steh endlich auf

Martin Fieber; 128 Seiten, ISBN 3-935422-47 4

Dieser lehrreiche Erfahrungsbericht beschreibt die Abgründe einer spirituellen Abhängigkeit bis ins kleinste Detail: Von den anfänglichen euphorischen Gefühlen über die Hölle der seelischen Schmerzen bis zurück in die Freiheit des normalen Lebens.

Ergänzt wird der Bericht durch einen Leitfaden, der hilft, den Weg durch den Jahrmarkt der heutigen Esoterik und den Dschungel der dazugehörigen Seminarangebote zu finden. Spannend, ehrlich und wahrhaftig geschrieben: Dieses Aufklärungswerk könnte Leben retten.

Poster ‚Machu Picchu'

ISBN 3-935422-46-6

Dieses Poster ist ein Motiv aus dem gleichnamigen Buch und hat die Größe von ca. 50 x 70 cm. Allein schon durch Betrachten des Bildes werden Sie einen Hauch des Friedens erfahren, den dieser wundervolle Ort ausstrahlt.

Kunstdruck ‚Desiderata'

ISBN 3-935422-45-8

„Gehe ruhig und gelassen durch Lärm und Hast...", so beginnt das berühmte ‚Desiderata', das in der alten St. Pauls Kirche von Baltimore in Stein gemeißelt ist. Diese auf edelstem Papier vervielfältigte Handarbeit mit großen roten Lettern und schwarz gehaltenen Kleinbuchstaben ist ein ideales Geschenk. Sie erhalten diesen 50 cm hohen und 35 cm breiten Druck nur über unseren Verlag.

E
B
15
16
17
19
18
5
8
1
2
9
14
11
10
13
3
A
4
E
6
7